三人制篮球竞赛特征研究

周 冰 著

北京体育大学出版社

策划编辑 王英峰
责任编辑 王英峰
责任校对 朱燕春
版式设计 博文宏图

图书在版编目（CIP）数据

三人制篮球竞赛特征研究/周冰著 . －－北京：北
京体育大学出版社，2020.8
ISBN 978 - 7 - 5644 - 3303 - 1

Ⅰ.①三… Ⅱ.①周… Ⅲ.①篮球运动 - 运动竞赛 -
研究 Ⅳ.①G841.7

中国版本图书馆 CIP 数据核字（2020）第 018575 号

三人制篮球竞赛特征研究　　　　　　　　　　　周　冰　著

出版发行：北京体育大学出版社
地　　址：北京市海淀区农大南路 1 号院 2 号楼 4 层办公 B － 421
邮　　编：100084
网　　址：http：//cbs. bsu. edu. cn
发 行 部：010 － 62989320
邮 购 部：北京体育大学出版社读者服务部 010 － 62989432
印　　刷：北京虎彩文化传播有限公司
开　　本：710mm×1000mm　1/16
成品尺寸：170mm×240mm
印　　张：10
字　　数：161 千字
版　　次：2020 年 8 月第 1 版
印　　次：2020 年 8 月第 1 次印刷
定　　价：88.00 元

前　言

　　三人制篮球运动是在半场进行的三对三的对抗运动。它是在五人制篮球的基础上发展起来的一种新的体育运动项目。三人制篮球起源于街头篮球，但经过多年的演变已经发展成为区别于街头篮球的正式比赛项目。2009 年起，国际篮球联合会（以下简称国际篮联）开始陆续推广三人制篮球这一比赛形式：推动三人制篮球成为青年奥运会（以下简称青奥会）、亚洲青年运动会（以下简称亚青会）等国际大型综合赛事的比赛项目，使这一街头运动开始登上国际舞台；通过"www.fiba.basketball/3×3 planet"数字平台，运用"吸引"和"联系"策略构建起世界三人制篮球积分制赛事体系，使赛事数量以及参赛人数不断增加；统一并规范了三人制篮球的竞赛规则，建立了球员注册系统，将球员的简历、积分、得分等收录其中，使三人制篮球正规化。由于三人制篮球比赛有着场地限制低、设备要求低、比赛形式简单、易于组织、受众广等优势，因此三人制篮球在全世界范围内很快地成为关注度较高的热门运动项目之一。北京时间 2017 年 6 月 9 日，国际奥委会宣布三人制篮球进入 2020 年奥运会，成为正式比赛项目。三人制篮球的正式"入奥"提高了这项运动的社会关注度和参与度，相关政策的制定、相关赛事的承办、大量资金的投入等使得篮球市场进一步拓展，因此，三人制篮球在世界范围内进入了快速发展的时期。

　　据统计，中国三人制篮球的参与人数多达 3000 万人，其中绝大多数为青少年参与者，这个数字的背后是庞大的篮球市场。中国篮球协会为发展三人制篮球，制定了相应的政策，构建了赛事体系，并吸引了多方资本投资。在三人制篮球"入奥"的背景下，国家体育总局于 2017 年 7 月 3 日宣布三人制篮球将成为第十三届天津全运会正式比赛项目，从而使这项运动在中国的地位得到进一步提升。2019年6月23日，2019年国际篮联三人制篮球世界杯女子组决赛中，中国三人制篮球女队以19比13力克匈牙利队，以7战全胜的战绩夺冠，提前获得2020年奥运会三人制篮球项目的参赛资格，这也是中国篮球历史上首个世界冠军。未来我国三人制篮球在政策和市场红利的双重引领下，必然吸引越来越多的资本投入，这项运动必将拥有更大的发展空间。

笔者作为有着多年篮球教学和带队经验的一线教师，主要从事三人制篮球和街头篮球方向的研究，并形成多项相关的研究成果，对于三人制篮球竞赛特征有着深刻的认识。因此，笔者将自己多年研究成果与博士论文研究内容进行整合，并在查询大量相关资料及开展调查研究的基础上，开始了这本《三人制篮球竞赛特征研究》的写作，希望本书对三人制篮球在我国的进一步发展起到积极的作用。

本书共由六章构成。第一章：概论；第二章：世界三人制篮球赛事特征；第三章：三人制篮球负荷特征；第四章：三人制篮球技术特征；第五章：三人制篮球战术特征；第六章：世界三人制篮球主要赛事竞赛规则。

本书的主要阅读对象为广大在校的青少年学生、三人制篮球和街头篮球爱好者、体育科研工作者等，希望广大读者在阅读完此书后能够有所裨益。在撰写本书时，亲朋好友给了我诸多帮助和支持，在此一并表示真挚的感谢。此外，由于本人才疏学浅，虽耗尽所学，难免存在纰漏，希望大家提出宝贵的建议，本人将不胜感激。

周冰

2019 年 12 月 10 日

目 录

前 言

第一章

概　论

第一节 街头篮球与三人制篮球

一、街头篮球的起源与发展

（一）街头篮球的起源

美国黑人发明了街头篮球。早在 20 世纪 50 年代，街头篮球还不过是美国黑人在自家的后院或贫民区空旷的场地上搭建一个简陋的篮球架，用不知何种材料制成的篮球打发无聊时光的消遣手段。1965 年，街头篮球创始人霍尔考比·洛克先生为了防止贫民窟的青少年误入歧途，吸引更多的青少年参与街头篮球运动，将自己开设的一个室外篮球联赛迁到了哈林区第 155 大街的公园露天场地上，为他们提供了更多的参与机会。早些年，洛克公园还只是个脏兮兮的垃圾场，经过洛克先生的一番改造，垃圾场变成了初具规模的篮球场地。如今，位于哈林区第 155 大街的洛克公园被全世界"街头篮球"手们当作街头篮球的神圣之地，是集美国文化、黑人文化与篮球文化于一身的"街头篮球麦加"。1974 年，当地政府对于洛克先生的贡献给予了表彰，将这座公园正式更名为"洛克公园"。此外，Hip - Hop 文化在街头篮球的发展中产生了很大的影响。Hip - Hop 文化指的是美国黑人的一种街头说唱文化，主要由涂鸦、街舞、饶舌音乐、DJ 摩擦声等主要元素构成，早期的 Hip - Hop 有着来自贫民窟的黑人表达不满、发泄愤怒情绪的色彩。现如今街头篮球已成为 Hip - Hop 街头文化的有机构成部分，它代表了灵活、自由、专注与勇敢。

（二）"哈林"篮球队将"街头篮球"文化传播到世界各地

"哈林"本来是美国纽约的一个地名，由于这里孕育了许多世界顶尖的街头篮球选手，所以，"哈林"如今已经成为街头篮球的代名词。以"哈林"命名的篮球队有很多，"哈林环球旅行者"与"哈林巫师"是其中的突出代表。1926年，"哈林环球旅行者"篮球队正式成立，它是"无与伦比的阿贝·塞巴斯蒂安哈林环球旅行者篮球队"的简称。1927年，这支球队开始旅行表演，到了1948年正式走出国门。在此后的70多年间，这群篮球使者的足迹已经遍及世界117个国家，旅行路程总和相当于往返地球与月球12次，有超过1.2亿的观众观看过他们的表演。1956年，"哈林环球旅行者"篮球队原本计划在秘鲁首都利马进行表演，但当时的秘鲁国内局势动荡不安，为此，他们想取消此次活动。消息传开不到1个小时，内战双方首领进行谈判，协商暂时搁置争议，停战4天，保证"哈林环球旅行者"篮球队在秘鲁可以正常进行比赛表演。由此可知，"哈林环球旅行者"篮球队在当时是多么地受欢迎。

1962年，体育事业家豪伊·戴维斯创建的"哈林巫师"篮球队正式成立。时至今日，"哈林巫师"篮球队也依然有着很好的发展，他们每年都会进行全球巡演，在阿根廷、比利时、加拿大、日本和中国等100多个国家和地区先后开展了5000多场比赛和表演，为数百万球迷带来精彩绝伦的视觉享受。多年来，"哈林巫师"篮球队发明并传播了花式篮球，他们将杂耍般的运球、极富想象力的传球和扣篮与Hip-Hop音乐及诙谐幽默的舞台表演进行了无缝对接，将街头篮球文化的精彩提升到了一个新的高度，所到之处都能掀起一阵阵街头篮球狂潮。他们用淋漓尽致的表演，深刻地诠释了街头篮球运动的内涵。现今，"哈林巫师"篮球队将街头篮球表演与篮球商业化有机地结合，紧跟时代潮流，根据不同的地域文化表演内容也做出一定的调整，不断给球迷带来新的视觉冲击。

（三）世界街头篮球赛的举办意义非凡

从某种程度上说，街头篮球是篮球的游戏本质与街头文化的有机融合。广义的街头篮球包括人数不同的"斗牛"（一对一、二对二、三对三、四对四、五对五）、投篮表演、花式篮球表演等各种非主流篮球运动形式。狭义的街头篮球则特指"三对三"街头篮球斗牛比赛，因其社会影响最大、流行度和参与度最高，所以是街头篮球的核心部分。20世纪90年代，街头篮球的形式之一——街头三对三篮球赛被推广到了都市乡镇，美国的密歇根州洛维尔镇的大众篮球节首次举办了有组织的街头三对三篮球赛事。1992 年，在德国法兰克福举办了首届街头三对三篮球世界锦标赛，它为全世界街头篮球爱好者营造了一个展示才华、相互交流的赛事平台，这一赛事的举办在街头篮球的发展史上具有非凡的意义。

（四）街头篮球在中国的发展

1. 街头篮球赛在中国广受欢迎

（1）街头篮球赛在中国的流行与推广

我国街头篮球的发展起步较晚，但近年来得到了长足的进步。从报道中看，我国如广州、北京、南京等大中城市都开展了规模很大的街头篮球赛。1993 年 7 月，中国香港维多利亚公园第一次举办街头三对三篮球赛，香港成为继德国法兰克福举办的首届街头三对三篮球世界锦标赛之后的 32 个分区赛站之一。20 世纪 90 年代后，街头篮球受到了阿迪达斯、耐克、麦当劳、肯德基、李宁等一大批国内外公司和商家的热烈欢迎，他们纷纷冠名和出资赞助这类比赛。按年龄段划分的社会系列比赛或者以初中、高中、大学为组别的学生系列比赛在我国开始广泛地开展起来。

（2）中国街头篮球组织：街头篮球联盟正式成立

中国街头篮球联盟于 2002 年 6 月 1 日正式成立，街头篮球联盟网站（以下简称街盟网站）正式投入到运营中。2002 年 6 月 10 日，成功注册 Play Ball Show. com 国际域名，并开始正式启用。2002 年 6 月 27 日，街盟网站访问量已高达 10000 人次。2003 年 3 月 20 日，街盟注册了 Street ball. cn 中文国际域名并投入使用，目前已有 5 万人成为街盟网站的注册会员，日均访问量超过 1 万人次。阿迪达斯公司、耐克公司、锐步公司、可口可乐公司、《体育世界》杂志、《灌篮》杂志、东方网、AND1 公司等都是街盟网站的合作伙伴。

（3）街头篮球在中国广受欢迎的社会文化原因

首先，改革开放促进了人们思想观念的转变，文化和体育得到了进一步的发展。人们的文化意识和价值取向也开始摒弃过去单一的模式，思想观念出现很大的变化。1978 年中国共产党第十一届三中全会以广东省深圳市为代表的沿海城市先后实行改革开放，街头篮球就是在这样一个时代背景下从香港传到广州等沿海城市，之后不断渗透到内地。

其次，市场经济取代了原来的计划经济，人民生活水平上了一个新的台阶。随着我国社会主义市场经济体制的确立，我国的国民生产总值年年攀升，经济发展推动了人民物质生活水平的不断提高。城镇居民的恩格尔系数逐年下降，这说明人民的生活条件不断得到改善。经济的繁荣与发展为文化体育的发展创造了良好的物质条件。吃饱穿暖的物质享受已经无法满足人们的需求了，人们迫切需要更丰富的体育文化生活。随着人们工作时间的缩短，这一愿望变得更为迫切，而众多运动项目正迎合了大众追求高品质生活的需要。

再次，社会转型给人们带来不同程度的压力。一方面，市场经济主导的竞争机制迫使人们在经营、就业等方面处于相对不太稳定的局面，现代工业的机械化生产、紧张的生活模式也给人们的社会生活带来了沉重压力，排解、释放这些压力成了人们内在的渴求。另一方面，各级校园、应试教育的问题一直困扰着人们，升学率成了指挥棒，尤其是面临老师、家长的殷切期盼，学生的学习压力更大，一个释放青春能量、张扬个性的空间，一个愉悦身心、放松心情、增进彼此交流的渠道和平台对他们而言显得更加重要。

最后，大众传媒系统和信息技术的不断进步与发展。随着我国经济建设的进一步发展，我国大众传媒系统日臻完善，除了传统的纸质媒体外，通过引进和自主创新的电子技术也取得了一定的成绩。目前我国的无线、有线、光缆、卫星和互联网等通信传播技术得到了长足的发展。电视机从 20 世纪 70 年代的奢侈品成了可供大众消费的平民电器，大众传播系统已然渗透到每一个普通家庭，中国的网络用户更是连年攀升。人们可以窝在自家的沙发上，打开电视就可与美国同步欣赏到美国职业篮球联赛（NBA）的精彩比赛，打开电脑就可观看 AND1 的街头篮球表演。大众文化的传播、消费和反馈通过大众传媒系统和信息技术得以实现。

2. 我国街头篮球运动发展中存在的问题与原因

（1）商业化倾向日渐严重

我国的街头篮球文化之所以能够得到快速发展，除了媒体推波助澜外，成功的商业运作也发挥了积极作用。然而，商业化的泛滥在无形之中也给这项运动冠上了"做秀"的帽子,更多商业化街头篮球运动的主力军是观众,只有少部分人可以参与到这项运动之中。此外,随着奖品的日益丰厚,参与者的动机也出现了一些变化。对于身体和心理还不甚成熟的青少年而言,到底该如何科学地看待运动健身与名利的关系,如何树立正确的价值观念,无疑是一个挑战。

(2) 挑衅和羞辱风气盛行

街头篮球运动作为一种被主流文化排斥的边缘文化,即使在其诞生地美国也曾经一度被排挤,并曾经和金钱、色情、暴力、毒品等负面新闻联系起来,加之中西方文化上的不同,街头篮球产生的历史时期、社会生活背景十分特殊,所以,街头篮球被认为是与主流文化相对立的反主流文化。作为一种"地下体育运动",街头篮球向来缺乏客观公正的报道与正面的教学资源,这也造成了我国街头篮球爱好者只能从网络和其他渠道获得未经加工的音像信息。在良莠不齐的信息中,街头篮球的一些动作中所带有的挑衅与羞辱风格也被我国街头篮球爱好者所效仿,而这些使得街头篮球丧失了其自身"竞技、友谊、平等"的积极作用,转而成为参与双方以篮球为工具进行人身攻击和侮辱的尖锐武器。比如,故意用手按住对方或者把对方的衣服掀开,用篮球砸对方的头部等挑衅行为等。不可否认,这些挑衅、羞辱的动作都是造成街头篮球赛场上暴力事件不断发生的一大原因。西方的个人英雄主义价值观与我国"以和为贵""以武会友"的传统文化产生了激烈的矛盾,这些对于我国街头篮球参与热情高但思想还不成熟的青少年而言是极为不利的。

(3) 高难度动作加重了运动伤害程度

投篮得分不再是街头篮球最终的目的,街头篮球更关注的是让人眼花缭乱的运球和上篮动作及如何展现自我的个性,于是街头篮球的参与者开始不断创造出各种各样的高难度动作,危险系数也不断增加。打篮球出现骨骼及关节损伤的概率较大,尤其是青少年,在进行街头篮球运动时因为自身经验不足,加之思想上对安全不够重视,只知道一味地进行训练或模仿花哨的动作,他们还未完全发育的骨骼或关节在受到强烈的刺激时,出现运动损伤的可能性很大。

(4) 参与程度具有局限性

场地是制约街头篮球发展的一大因素,街头篮球自然而然地需要在街头打篮球，而这项运动传入我国之后其运动场地却移到了学校、体育场和机关事业单位，真正的街头篮球场地资源十分缺乏，而许多这样场地的对外开放程度不高，这一系列因素对街头篮球的普及发展产生了极为不利的影响。在参与者局限性方面，由商家冠名的街头篮球比赛，观看者居多，参与其中的则是少数，这与商家盈利的需要是高度吻合的。而在运动场上，高水平运动者是整个赛场的焦点，他们的控球时间和运动强度比普通运动者要多很多，这些对于推崇"个人主义"的街头篮球的团队配合和运动的参与程度而言是不利的。

二、街头篮球的功能

（一）健身功能

1. 街头篮球对人体生理功能的影响

街头篮球是发生在空中和地面的竞赛性运动，是一项有氧供能与无氧供能相结合的运动项目。它具有强度适中的特点，有助于提升参加者各种身体素质，促进人体的心肺功能、不断提升耐力水平。街头篮球的基础技术动作和五人制篮球一样，由跑、跳、投、运、传等基本技能构成。一方面，上场人员减少，提升了人均攻守面积，个人控制和支配球时间随之增多，由此进攻的难度降低，对于进攻十分有利。另一方面，队员相对空间提升，加大了防守的难度，这也是街头篮球降低了各项进攻技术要求的原因。街头篮球以个人战术行动为攻守的基础，相对于五人制篮球，其战术类型、战术方法相对容易。由此可见，街头篮球的参与者可以是不同年龄阶段的篮球爱好者，并且一旦参与其中就能享受到无限的乐趣。

2. 街头篮球的大众健身价值

随着人们生活水平的不断提高，人们开始注意到街头篮球自身所具备的健身、娱乐等实用价值。越来越多的不同年龄爱好者开始参与到这项运动之中，这也为街头篮球奠定了很好的群众基础。人们开始很快地认可了这项具有新颖锻炼方式、良好健身效果的运动项目。目前，人们更加重视积极健康的生活方式，并且随着生活水平的不断提高，人们愿意花费更多的时间与金钱投入到运动锻炼之中。因此，对于健身抱有很大热忱的参与者热衷于街头篮球。街头篮球这一具有高度时代特征的健身项目，在我国全民健身和学校体育事业的发展过程中发挥了十分积极的作用。

（二）娱乐功能

1. 街头篮球外在形式具有的美感

街头篮球中包含了很多舞蹈因素，加上富有动感节奏的音乐，使得它的表现力很强。作为主体的人通过优美的动作和音乐，以自己的身体为媒介，把身与心、灵与肉融合在一起，表达自己的心绪和感情，使街头篮球的优美感和人体的自然美融合为一个整体，展示美的功能。从某种程度上来说，街头篮球是把人类美好的思想情感通过音乐和身体运动表现出来的一种艺术，一种能丰富人的精神世界的艺术。现代社会，为了给自己创造一个富足的生活环境，人们的生活压力不断增大，他们经常处于紧张状态，身体与精神承受着双重的压力。街头篮球是在音乐伴奏下进行的体育锻炼，它具有音乐、运动带给人的双重乐趣，音乐能够引发情绪中枢兴奋，适当的身体活动能够提升人的反应能力与适应能力。欢快的节奏、鲜明的音乐旋律，加上丰富的舞蹈动作，使人们在锻炼的过程中更好地展现、突出美的一面，在满足人的运动欲望的前提下，表现出一定的美感，内心产生愉快的情绪体验，进而使愉悦身心、提升身体素质的目的得以实现。

2. 街头篮球锻炼的自主性

自主性对每一个个体确立正确的体育态度尤为重要。它表明人对于自己活动的选择具有独立、自主的权利，能科学地审视自己的主客观条件，正确地调控自己的情感和意志，按照自己所理解的方式开展自己的体育活动。就街头篮球来说，自由是最高的境界，尽情地展示自己，释放自己的个性。因而人们在街头篮球锻炼过程中，锻炼者可以最大限度地发挥其自主性，主要反映在以下几个方面：第一，街头篮球锻炼者可以根据自己的爱好选择合适的音乐，尽情地通过夸张的动作表达自己的情绪。激昂的音乐可以刺激人的神经中枢，让人情绪高涨，在进行锻炼的过程中获得美好的心理体验。第二，街头篮球动作的选择范围比较广泛，个体可以参照自身的水平、状况和爱好，做出夸张的不太规范的动作，使自身的需求得到满足。第三，参与主体可以参照自身的性格类型自由地选择活动方式。

3. 街头篮球的简单随意性

首先，街头篮球没有一套严密的规则体系，它的规则十分简单。在符合正常人体生理特点的基础上，不受正规动作的约束，可以随心所欲地展示自己。其次，街头篮球的练习形式具有随意性，可以呼朋唤友共同练习。最后，街头篮球对练习时间和地点没有固定的标准，只要有空地、有时间、有音乐，任何时候都可以随心所欲地进行。如果练习者是一名学生，不仅可以在学校的操场上进行训练，也可以到街头场地进行练习；如果练习者工作之后，上班时可以利用休息时间进行，下班后也可以利用业余时间在社区锻炼。所以，街头篮球具有很大的随意性，这也是它广受欢迎的一个重要因素。

4. 街头篮球内容的丰富性

从内容上看，街头篮球的形式可以是半场一对一、二对二、三对三、四对四及全场五对五，或者是单人单球或单人多球，利用身体各个部位对篮球进行控制，形成特殊的运动风格。所以，街头篮球在形式上是通过打破传统篮球的条条框框达到追求篮球运动乐趣的目的。在练习过程中，练习者可以丰富自己的篮球技能，学会如何表现自我，展示自我。此外，在丰富多彩、动感十足的音乐伴奏下，可以体会各种不同的身体运动节奏和动感，观看到形式多样的姿态，不容易让人觉得疲惫。通过一定强度的运动，让一些能量得以释放，能使人在运动中感受到生理和心理的满足感、快慰感和放松感，使身心得到最大限度的满足。

（三）教育功能

现代体育教育通常指的是校园体育教育，是指在学校环境中，通过体育课、课外体育活动等体育活动方式，配合智育、德育、美育等共同培养出合格的社会主义现代化建设的接班人。如果学生没有健壮的体魄和坚毅的品质，他们就没有足够的精力去完成繁重的学习任务，也就难以形成"终身体育"的思想观念。现代社会心理学认为，体育运动是一种让各种不良情绪和行为释放出来的有效方式。

街头篮球动作十分多样繁杂，动作变化速度快，加之高亢的音乐，使得每个动作都动感十足，主体可以在锻炼的过程中充分地展现自己的才能、宣泄情绪，端正自己的生活态度，体验到人生的乐趣，从而树立正确的世界观、人生观、价值观。

三、街头篮球的内涵

（一）边缘文化

边缘文化是社会中少数非正式群体创造并认同的流行于其群体内的亚文化。青年文化是多元社会分层中的重要组成部分，是以青年小众为唯一生存、传播和繁衍的客体人群的亚文化形式。因此，青年文化也是一种边缘文化。街头篮球运动以其叛逆性、非功利性、超前性、审美性和差异化与青少年的心理特征相吻合，所以广受青少年的欢迎。其追求形式美，讲求精神放松，融娱乐于运动之中，也正迎合了青少年精力旺盛，追求个性自由及娱乐和运动二位一体的休闲方式的需求。

（二）青少年流行文化

街头篮球运动是一项青少年流行文化。青少年是最容易接受"流行"等新鲜事物的群体。街头篮球从诞生的那一刻起，就在青少年中得到了广泛支持，掀起了一股流行的风暴，并且单纯的"街头篮球"运动逐渐演绎了众多具有新的风格特点的青少年文化。

（三）嘻哈文化

嘻哈文化是在不断打破旧有的不适合人性发展的文化规范与生存格局的基础上形成的文化，它是青少年创造的一种新的文化生存空间。嘻哈文化是一种流行文化符号，而街头篮球是嘻哈文化的重要组成部分。作为流行文化，它展现青少年的丰富个性和放荡不羁的叛逆精神；作为运动文化，它所反映出来的是青少年的渴望、对生命意义的探索和实践；作为休闲文化，它是肯定和享受生命的表现，它能将对生命意义的体验融于娱乐之中，将价值准则与健康趣味完美地结合在一起。

（四）休闲娱乐文化

街头篮球的主要参与群体是青少年。年轻人在工作、学习之余组织开展此项运动，有助于年轻人不断地发展和完善自我。传统篮球运动的内容和形式虽然具有很大的吸引力，但是由于种种原因的制约，很多篮球爱好者成为职业球员的难度很大，观看篮球比赛才是他们接触与了解篮球的重要渠道。街头篮球作为一种新颖的休闲娱乐手段符合当代人的生理、心理需求，有助于协调人的精神状态，缓解精神压力，很容易被人们认可与接受。

四、街头篮球与三人制篮球的区别与联系

（一）街头篮球与三人制篮球的区别

街头篮球也被称作为"街球"，其根本目的是休闲娱乐。街头篮球发展的萌芽时期大约在 20 世纪 50 年代。到 60 年代，街头篮球进入了快速发展时期，许多街头篮球高手脱颖而出。至 70 年代，街头篮球成了街头文化的重要组成部分，这标志着街头篮球从传统的篮球运动中逐渐分离出来成为街头文化的一部分。街头篮球被当作传统篮球运动的一种延伸，是篮球运动的一部分，这也让街头篮球成为广受青少年喜爱的主体文化。街头篮球的内容十分丰富，其中包含街头比赛、斗牛、花式篮球表演、"街球"音乐等；它的形式不固定，不仅有人数相同的一对一、二对二、三对三的对抗，也有人数不等的多对少或是少对多的对抗。与之相对应，三人制篮球是在五人制篮球的基础上发展起来的一种新的体育运动项目，是半场进行的三对三对抗运动。因此，三人制篮球没有街头篮球那样随意。三人制篮球与五人制篮球运动在一定程度上存在很大的相似性，三人制篮球在组织形式上看更像是正规五人制篮球的缩小版[1]，其组织方法、竞赛规则、裁判方法都是非常正规的。由于三人制篮球依循着正规篮球运动的发展轨迹发展起来，所以，它并没有脱离传统的篮球运动。

---

① 李元伟．打造篮球文化构建和谐篮球［J］．体育文化导刊，2006，1（1）：3-4.

（二）街头篮球与三人制篮球的联系

1. 街头篮球和三人制篮球的共同特点

（1）组织性

要举办一场真正具有街头篮球风格的大型比赛存在很大的难度。但是，一般情况下街头篮球比赛没有明确的比赛规则，街头篮球爱好者进行街头篮球球技切磋与交流时相对比较容易。与正规的五人制篮球比赛相比，三人制篮球的比赛条件相对简单，组织难度也较小，可以看作简化的正规五人制篮球。一个完整的篮球场可同时进行两场三人制篮球比赛，在仅有一个裁判和一个记录员的条件下就可以正常进行比赛，因此，它有着参与人数少、比赛时间短、规则简化的特征。

（2）个性鲜明

在街头篮球运动场上，每个人都可以通过篮球充分展现自己的个性，他们的根本的目的是释放灵感和激情。他们比赛不是要赢得胜利，而是注重球艺。街头篮球的突出特征是奔放、热情、时尚、洒脱、张扬、动感。篮球在街头篮球爱好者的心中十分神圣，他们也会想尽方法尽情地展示自己的球技，同时也尽可能地使自己成为整个球场的中心。只有街头篮球玩家或打过街头篮球的人才会真正明白街头篮球不单是一项运动，更是一门艺术，场上舞蹈般的个性动作和令人眩目的球技使街头篮球运动变得更加炫目多彩，极具诱惑力。三人制篮球的赛事采用的是淘汰制，加之比赛场地小、比赛时间短，使得比赛过程非常激烈。同时，比赛中个人因素起着非常大的作用，比赛中往往充斥着非常明显的不确定因素，具有很大的偶然性。

（3）别具风格，内容丰富

第一，服饰。音乐、服饰、装饰品、篮球鞋，甚至还有文身等都是构成街头篮球的要素。街头篮球往往伴随着节奏鲜明的背景音乐，音乐的节奏感会带动球场的气氛，使球员更易于展现街头篮球的艺术性。街头篮球中的服饰等运动用品偏向于嘻哈风格：宽大的板裤和 T 恤、运动靴、棒球帽、耳环或佩戴粗粗的银质项链、手环，以及墨镜、双肩包等饰物，编发辫或者束发等动感十足的发型。第二，音乐。选择音乐时更偏向于节奏鲜明、动感十足的音乐，例如 RAP 饶舌音乐、

DJ 等节奏感很强的音乐以配合街头篮球运动的节奏。研究表明，这样的音乐节奏更容易激发人们的运动欲望。

2. 街头篮球和三人制篮球共同的价值

（1）健康价值

运动有利于提升个人体能，提高个人身体素质，达到强身健体的目的。从生理学层面上来说，篮球活动能够提高人的协调能力，全面地提升人的身体素质，改善人的感受器官和神经系统的功能，与此同时还可以促进人的心理健康。

（2）娱乐价值

篮球运动是由发明者创立的一种新的运动，它广泛吸收了某些游戏的形式和内容。设计一种适合学生娱乐的游戏是奈·史密斯博士发明篮球的最初目的。虽然篮球运动经历多年的发展，但它一直没有完全摆脱游戏的基本特征，篮球运动也始终有着娱乐性的特质。街头篮球和三人制篮球作为篮球运动的主要形式，同样可以娱乐身心。街头篮球强调张扬的个性、独特的表现力而成为青少年的宠儿，因此他们将它视为展现自我个性的重要方式，这种运动项目超越了比赛胜负，让人感受到参与比获胜更有价值。街头篮球活动区别于传统的篮球比赛，成为一项集趣味性、游戏性和观赏性为一体的运动，对观看者能够形成极大的吸引力。三人制篮球人数较少，个人攻守面积增大，且又打破了位置界线，所以其技战术难度不大，也因此更能满足实现参赛球员展现自我的需求，更好地施展和发挥个人的技术水平，更多地表现它最初的游戏性和趣味性的内在价值，因此，街头篮球与三人制篮球同样具有娱乐价值。

（3）教育价值

如今，我国高校乃至全国篮球运动传播发展速度很快，无论从培养大学生的创新、意志以及健康的体育观念上，还是在促进校园体育物质文化及在丰富大学生体育文化形式上，它都发挥了无可替代的作用。各高校建立的以大学生为主体、学校为辅助的校园体育俱乐部，通过定期开展校园体育活动培养大学生的组织管理能力，以此推动体育文化教育管理制度的不断发展与完善。

（4）文化价值

由于篮球活动的自身价值及各种媒介的不断促进，三人制篮球活动逐渐走进大众的生活，影响着社会的很多方面。各级各类的三人制篮球赛事广受大家欢迎。三人制篮球建立了自己专门的网站，内容资源丰富，包括三人制篮球俱乐部、三人制篮球联赛赛事的预告、三人制篮球专题、三人制篮球明星资料、三人制篮球的视频片段等。同时，三人制篮球还被开发成了网络游戏，在青少年中引起了很大的反响。这些都使三人制篮球活动成为一种广受大家关注的社会文化，它的意义并不只是一个篮球联赛，而是创造一种全新的文化视角，它所传播的价值观丰富了思想文化的内容，推动了社会精神文明建设的发展。三人制篮球活动中包含着竞争与合作、群体与个体、交往与沟通、应变与创新等诸多现代社会的因素，充分彰显了青少年超越自我、张扬个性和对身心全面发展的文化追求。随着我国经济的不断发展，三人制篮球活动已成为一种积极健康的社会文化现象，它的思想文化价值也得到了许多人的认可。学校应当提升校园体育文化宣传力度，增加大学生对体育文化的兴趣，引导学生参与到这项运动中来。

（5）经济价值

随着经济竞争的日趋激烈，商家必须要考虑在激烈的市场竞争中占据有利地位的问题，而三人制篮球比赛和街头篮球表演则给商家创造了一个进行品牌宣传和推广的条件，为关心篮球运动的商家和企业带来了很大的商机。篮球市场以篮球比赛和街头篮球表演为载体，通过举办比赛来开发与培育篮球市场，促进篮球产业的宣传及营销，为我国篮球市场的开发和俱乐部的经营提供了新的发展思路。三人制篮球与街头篮球因场地、设施条件等方面不像传统篮球那样要求很高，这样就为广大篮球爱好者参与这项运动提供了便利，它不仅可以当作是培养优秀运动队和运动员技战术水平的有效形式，而且也可以被视为大众体育锻炼和娱乐的常规手段。其自由风格使球员易于表达自我个性，有利于培养青少年丰富的想象力及创造力，促使青少年德、智、体等综合素质得到全面的提高。

第二节　三人制篮球的起源与发展

一、三人制篮球发展沿革

三人制篮球起源于街头篮球，是一项在五人制篮球的基础上发展起来的体育运动项目。经过多年的演变发展，三人制篮球已经成为区别于街头篮球的正规比赛项目。1992 年，世界三人制篮球比赛首次成功地在德国法兰克福举办，三人制篮球比赛正式走上国际舞台。2010 年，三人制篮球成为新加坡青年奥运会的正式比赛项目，这是三人制篮球第一次出现在国际大型综合赛会上。2011 年以后，三人制篮球进入了快速发展时期，特别是国际篮联在 2012 年举办了第 1 届三人制篮球世界锦标赛等一系列国际大赛，同时制定了三人制篮球竞赛规则，这其中包括了竞赛场地、参赛队员人数、器材规格、裁判员人数、竞赛时间、犯规及一系列技术性的规定等。这些规则与五人制篮球在许多方面有着完全不同的要求，这说明三人制篮球彻底摆脱了五人制篮球衍生项目的角色，成为一种独立的体育项目。2017 年，国际篮联宣布三人制篮球成为奥运会正式比赛项目，标志着这项来自街头的运动正式登上了国际舞台。

二、国际篮联积极推广三人制篮球

（一）构建世界三人制篮球赛事体系

2011 年以来，国际篮联为将三人制篮球从草根项目发展到奥运舞台并在世界范围内推广，制定了一系列竞赛制度，力求在世界范围内扩大三人制篮球赛事体系的影响。在三人制篮球赛事体系的各类比赛中，有由国际篮联直接承办的赛事，同时也有其授权举办的以及官方承认的赛事，主要包括由国际篮联、大洲篮联、国家篮球协会（以下简称篮协）、民间组织和个人承办的影响力由大到小、水平由高到低的赛事。① 竞赛体系中的不同赛事之间存在相互联系，主要是通过运动员和赛事的登记注册、国际篮联对于赛事等级的划分规定和运动员的积分获得与位置排名等制度等进行相互联系的②，"积分""排位""席位"是实现这一切的前提条件。许多篮球运动员和爱好者们都热衷于参与三人制篮球赛事，而女子运动员和青少年运动员的大量参与说明了这项运动同样适合女性和青少年，这就预示着三人制篮球存在着巨大的发展潜力。2015 年后，由于世界范围内三人制篮球赛事数量和参赛人员的快速增加，国际篮联相应地将赛事类别、等级和积分进行了重新调整。

（二）各国篮协对三人制篮球发展的推动

1. 在国际篮联授权下积极举办各类赛事

在三人制篮球的推广过程中，国际篮联意识到各类三人制篮球赛事会在不同国家和地区举办，各国篮协在这过程中扮演着极其重要的角色。各国篮协也同样意识到本国三人制篮球运动在国际篮联的支持下会更易于开展。首先，国际篮联的竞赛规则、竞赛模式和 3×3 Event Maker 软件可以使本国三人制篮球赛事的举办更加节省时间和精力；其次，通过国际篮联的三人制篮球赛事体系、举办经验、工具，本国可以有更多的运动员参与比赛，获取积分与排名；最后，赛事被授权使用国际篮联三人制篮球 3×3 LOGO，从而可以吸引更多组织者、合作者和球迷的参与，为赛事的举办提供更多的资金支持。

作为三人制篮球在各国的推广者，各国篮协可以开展以下工作。首先，篮协的一项重要任务是在各国范围内发展普通三人制篮球循环赛事，因为这项赛事是三人制篮球运动发展的根本和基础，可以使更多的队伍和运动员参与其中，使这项运动更广泛地开展。其次，举办国际篮联授权的能在本国范围内开展的各种三

① 周冰. 世界三人篮球赛事体系研究［J］. 体育文化导刊, 2014（1）: 89 – 92.
② 国际篮联官方网站［EB/OL］. http: //www. fiba. com.

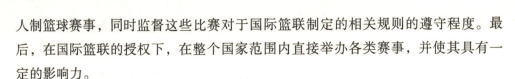

人制篮球赛事，同时监督这些比赛对于国际篮联制定的相关规则的遵守程度。最后，在国际篮联的授权下，在整个国家范围内直接举办各类赛事，并使其具有一定的影响力。

2. 不同的发展模式

各国篮协普遍认同的三人制篮球成功发展的途径包括：更多人参与比赛，更多草根比赛被举办。各国在三人制篮球开展状况、人口数量、文化传统、经济实力等方面存在着差异，因此，在发展三人制篮球运动时应采用不同的模式。美国的发展模式为世界三人制篮球的发展提供了一个可以参考的样本：美国的赛事体系是由多个循环分站和几个独立的赛事组成的，而赛事体系是由专门的策划人员精心策划与打造的，这一系列比赛都是围绕着角逐代表最高运动水平的全国冠军而开展的。美国篮协官方正是利用这些比赛选拔在比赛中取得优异成绩的队员，使他们可以代表国家参加一系列国际赛事。美国篮协对于三人制篮球发展的贡献还体现在三人制篮球的广告及市场策划等方面。美国篮协为使三人制篮球长期、良性地发展，与高校进行合作，创建更为广泛的、更具影响力的三人制篮球赛事体系。

其他国家的三人制篮球推广模式也值得借鉴和学习。例如，法国篮协通过扩大赛事体系规范的方式全面开展篮球运动，其中就包括三人制篮球。法国篮协与地区体育组织紧密合作，通过在不同地区举办巡回赛的方式发展三人制篮球，随着巡回赛举办数量的不断增加，其影响的地区范围也越来越大，三人制篮球在本国广泛地、轰轰烈烈地开展起来。巴西作为三人制篮球开展较早的国家，主要采用混合模式，就是作为国际三人制篮球发展蓝图的一部分，巴西篮协与国际篮联紧密合作，在国内举办几站世界三人制篮球巡回赛资格赛。同时，在巴西自身的三人制篮球发展计划中，更多地举办国际篮联授权的草根赛事是其成功的关键。瑞士篮协通过授权专业机构代理发展本国三人制篮球，这个机构除通过举办巡回赛发展三人制篮球外，还进行瑞士三人制篮球国家队队员选拔、训练、参赛等工作。

3. 推广过程中的收益

在对三人制篮球赛事特别是普通三人制篮球循环赛进行推广的过程中，各国篮协同样也是赛事推广的受益者，其受益表现在以下几个方面：①在推广过程中使本国三人制篮球得到发展，增加篮球运动的参与人数，从而促进本国篮球运动的全面发展；②通过比赛为三人制篮球的世锦赛、世青赛和青年奥运会等比赛选拔国家队队员，提高赛事的竞争机制；③使更多的企业和个人参与组织比赛，不断扩大赛事体系的规模；④通过更多比赛可以更好地体现三人制篮球的教育作用，特别是大学和中小学的三人制篮球是最为普及的运动项目，其教育作用更为显著；⑤各国篮协通过更多地举办高质量的普通三人制篮球循环赛可以形成具有自己特色的普通三人制篮球巡回赛赛事。

（三）三人制篮球在我国的发展

篮球在我国有着广泛的群众基础，我国有 3 亿"篮球人口"，5000 万篮球运动爱好者。特别是三人制篮球，因其有着简易的场地、快速的攻防、张扬的个性、劲爆的音乐等优势元素，成为我国大众，特别是广大青少年最为喜爱的运动项目之一。此外，在众多国际三人制篮球赛事中，我国健儿也取得了一系列骄人的战绩，如在 2010 年青年奥运会女子三人制篮球比赛中，中国女篮夺得了我国第一个三人制篮球世界冠军；在 2013 年南京亚青会三人制篮球比赛中，中国男篮和女篮分别夺得了金牌，延续了这个项目的辉煌。

近年来，我国三人制篮球虽然在民间蓬勃开展，但官方组织的高水平赛事却寥寥无几，呈现出"民间热，官方冷"的现象。为改变这种局面，国家体育总局篮球运动管理中心、中国篮协、大学生体协等积极地举办各种高水平的三人制篮球赛事，用以推广此项运动。例如，中国篮协主办的由中国男子篮球职业联赛（CBA）、全国男子篮球比赛（NBL）、中国女子篮球甲级联赛各俱乐部中 16 ~ 18 岁球员参加的"全国青年三人制篮球赛"——CBA3 × 3，都是较有影响力的三人制篮球赛事。而此项赛事的定位是中国最专业、水平最高的三人制篮球赛，也是中国影响最广的青年赛事。中国篮协借此项赛事全面整合篮球运动资源，创建全新的职业化三人制篮球赛事体系，同时也为未来三人制篮球赛事的更多举办及项目推广提供可借鉴的宝贵经验。

2012 年以后，三人制篮球在世界范围内飞速发展，在这样的大背景下，我国三人制篮球的发展也进入了快车道，特别是 2013 年 7 月国家体育总局篮球运动管理中心正式成立了"三人制篮球办公室"，篮协也成立了"三人制篮球发展委员会"，这更加促进和规范国内三人制篮球比赛，推动了三人制篮球运动的发展。2013—2014 年，三人制篮球办公室工作成果显著，一系列三人制篮球赛事被成功举办，特别是 2014 年 4 月 26—28 日在广东佛山举办的全国三人制篮球锦标赛，是我国举办的最高水平的三人制篮球赛事，各 CBA、NBL 俱乐部队可选派本队在册运动员参加专业组比赛，且年龄不限。篮球运动管理中心也从参赛优胜队伍中选拔 8~10 名运动员组建国家队，参加在泰国举办的亚洲沙滩运动会和在美国举办的世界三人制篮球锦标赛。此外，2014 年我国成功举办了一系列高水平的国际三人制篮球赛事，例如，世界三人制篮球巡回赛北京站，以及南京青年奥运会三人制篮球比赛等。更值得一提的是，2018 年第十八届亚运会中国男、女三人制篮球队分别夺冠，2019 世界三人制篮球世界杯中国女队的夺冠，说明三人制篮球在我国的发展取得巨大的成功。

第三节　三人制篮球呈现独立发展状态

一、从草根运动向正规项目的转变

街头篮球是一种以娱乐作为主要功能的篮球运动形式。在运动过程中，街头篮球能够表现出参赛者的个性。[①] 它既是一种街头文化，又是一种体育文化，是这两种文化形式在特定条件下的结合。花式篮球表演、街舞、流行音乐等内容都是街头篮球包含的必要内容。其比赛形式灵活多样，可以在双方参赛人数相等的情况下，进行以一对一、二对二、三对三的形式进行比赛，如有特别要求也可在双

---

① 万家牧. 高校开展三人制篮球赛的价值 [J]. 辽宁师专学报，2005，7（1）：60-62.

方参赛人数不等的情况下进行比赛。根据不同的分类标准可将街头篮球划分为以下几大类：按有无组织可分为无组织比赛、有组织比赛、无组织表演、有组织表演；按不同的功能将街头篮球分为健身性篮球、比赛性篮球、娱乐性篮球、表演性篮球和观赏性篮球。三人制篮球最初是作为街头篮球的一种最主要的表现形式，该项目对于场地设施要求比较简单，其场地一般设在公园和街头，竞赛形式随意，只要街上的人愿意，可以任意几人组成一队参加比赛，在强节奏感的音乐伴奏下，参与者可以全身心地投入到运动中去，达到娱乐、健身等目的。① 因此，三人制篮球能在世界范围内广泛流行，成为广大青少年最为喜爱的运动项目之一。但是，三人制篮球的出现不是篮球运动出现的最初形态，而是人们根据生活环境、自然条件及场地设施的现状演化发展而来的。随着三人制篮球的不断发展，三人制篮球在其组织形式上比街头篮球更加接近五人制篮球，比赛中执行正规的竞赛规则，竞赛组织方法多样和裁判员执法正规，特别是一系列三人制篮球国际大赛的举办，使三人制篮球向着正规化轨迹进行发展。

二、独立发展的必然趋势

经过几十年的发展，三人制篮球已经呈现出与五人制篮球不同的表现方式。三人制篮球与五人制篮球在竞赛规则上存在的差异，使得三人制篮球在五人制篮球的基础上呈现出不同的赛事特征、负荷特征以及技术、战术特征等。② 总之，对于三人制篮球项目特征的研究要在五人制篮球的基础上，建立起具有三人制篮球自身特点并区别于其他运动项目的特点。

第一，任何一个项目独立的发展，都要具有自己独立的竞赛规则。竞赛规则不断地修改和完善，使运动项目向着合理、正确的方向去发展和演变。国际篮联对于三人制篮球竞赛规则的制定，是其具有独立性的主要标志之一。2011 年以后是三人制篮球进入快速发展的时期，特别是国际篮联在 2012 年举办了第一届三人制篮球世界锦标赛等一系列国际大赛，并且制定了三人制篮球竞赛规则，其中包

① 林峰. 3 人篮球市场发展状况研究 [J]. 吉林体育学院学报，2003, 19（2）：16 – 18.
② 王恩斌. 论三人制篮球的特点及作用 [J]. 克山师专学报，2003,（3）：64 – 67.

括了竞赛场地、参赛队员人数、器材规格、裁判员人数、竞赛时间、犯规及一系列技术性的规定等。这些规则与五人制篮球在许多方面有着完全不同的要求，这些都是三人制篮球运动具有独立性特征的根本前提。表1-1是三人制篮球的竞赛规则与传统五人制篮球竞赛规则的对比。

表1-1 三人制篮球与五人制篮球竞赛规则的差异

规则	三人制（三人制篮球世锦赛规则）	五人制（国际篮联规则）
场地	半个标准五人制场地	28米×16米
上场人数和全队人数	上场3人，全队4人	上场5人，全队12人
比赛时间	10分钟	10分钟×4节，共40分钟
单次进攻时间	12秒	24秒
犯规及处罚	个人4次离场，队每节3次后罚球	个人6次离场，队每节4次后罚球
裁判员人数	1到2人	2到3人
投篮得分	传统三分线内进球得1分，以外得2分	三分线以内进球得2分，以外得3分
获胜	规定时间内得分多者或先得21分者	规定时间内得分多者

第二，三人制篮球竞赛规则的制定，使得三人制篮球在竞赛过程中表现出来的特征与五人制篮球竞赛相比存在一定差别：①三人制篮球竞赛全场竞赛时间缩短，使得竞赛结果的偶然性增大，强队和弱队之间差距缩小，并且要求场上运动员能够迅速进入比赛状态，给运动员调整状态的时间极短。②单次进攻时间的缩短，使得攻守转换速度增快，要求运动员拥有更强的攻守转换意识。③由于三人制篮球竞赛的场地只有五人制篮球竞赛场地的一半，以及场上只有6个人进行比赛，使得运动员能够展现个人的技术能力，而在战术方面是以运动员的个人战术及两三名队员间的基础配合为主。此外，在运动员竞赛过程中的供能方面，三人制篮球相对于五人制篮球，无氧供能的比例将有所增加。

第三，许多世界范围内非常流行的运动项目，都是从其他运动项目演变而来的。例如，从十一人制足球中衍生出五人制足球、七人制足球、沙滩足球，从排球中衍生出沙滩排球等。这些运动项目在其产生之初都难以独立于其母体项目，而是作为母体的一种变化形式或是一种练习手段。随着这些项目规则的逐渐完善和独立，以及相应独立竞赛制度的建立，这些项目逐渐表现出与母体不同的运动竞赛规律和特征，从而成为独立的运动项目，三人制篮球作为传统五人制篮球的一种衍生项目，两者在项目特征的某些方面都存在着重叠。因此，对于三人制篮球项目特征的研究就必然要建立在五人制篮球项目特征的基础上，确立既能够反映三人制篮球自身特点而又区别于其他运动项目的特征。

第四节　三人制篮球理论研究亟待加强

一、三人制篮球理论研究的滞后

三人制篮球在世界范围内广泛开展，但是对于三人制篮球的理论研究却明显滞后。与其他实践活动相同，任何运动项目在发展之初，其理论研究水平均较低，训练实践方面的设计和指导主要依靠教练员的主观经验和对项目的理解，或是简单移植其他项目的训练理论和实践。对于运动竞赛的组织方面也多属于自发的民间行为，而缺乏相应的理论指导。通常在这一时期内，项目实践的发展领先于项目的理论发展。目前，在世界范围内，三人制篮球运动的发展正好处于这一理论滞后阶段。另外，造成我国三人制篮球理论研究滞后的原因还源于我国的体育战略确立是以奥运会项目为发展重点，一些非奥运项目则处境艰难，特别是对非奥运项目的理论研究不足。我国对于三人制篮球的理论研究绝大部分仅是五人制篮球理论研究的一部分，是对三人制篮球项目特征规律进行的定性研究及对三人制篮球的开展状况进行的调查研究。大多数关于三人制篮球书籍的内容，都是选自五人制篮球书籍，是五人制篮球书籍的技术部分加基础配合部分，训练方法、手段及训练组织等方面也是完全照搬五人制篮球。研究并无自身特色，也不完全符合项目本身的特征规律，而其他一些关于三人制篮球的书籍也仅仅是对项目的介绍，一般仅包括项目的起源、发展以及规则等方面内容。

二、项目特征最具代表性

特征是事物特点的表征和最具代表性标志。人类对于事物发展的推动，首先要对事物自身的特征进行了解，只有正确、深入、全面地掌握事物的特征，才能把握事物的发展方向，从而使事物更为有效地向前发展。由于视角不同，其呈现的特征类别不同，也就是事物的特征具有多类性、多维性和多元性。[1] 多类性是依据不同的标准呈现出不同类型的特征；多维性是依据不同视角和范围呈现不同层次的特征；多元性是依据不同的要素和环节所呈现出的不同部分的特征。对于运动项目来说，竞赛特征是在比赛中所表现出来的征象和标志，深入准确地认识竞赛特征是促进其向前发展的重要条件。特别指出的是运动竞赛是竞技体育中最为活跃的核心内容，对竞赛的研究具有重要的理论和实践意义。对于竞赛特征的研究大多数都是围绕特征的多类性和多元性，而对特征的多维性研究较为罕见。

对运动竞赛特征的研究主要是以运动竞赛学理论为基础展开的，而运动竞赛学是以竞赛过程为主要研究对象的学科。运动竞赛的研究主要集中在三个方面，首先是运动竞赛的价值与功能问题，也就是人们为什么要组织运动竞赛；其次是对运动赛事进行有效的管理，也就是如何科学合理地组织运动竞赛；最后是关于制胜的问题，也就是运动员或运动队如何在比赛中获胜。因此，对于运动竞赛特征的研究主要从以上三个方面进行。对三人制篮球竞赛特征进行研究，方向的确定和指标的选择尤为重要，但由于特征具有多类性、多维性和多元性，在方向和指标的选择方面很难做到面面俱到，只能根据项目特征、研究需要以及现有研究条件进行目的性较强的筛选。[2]

① 高平. 对抗性亚类项群运动竞赛特征研究 [D]. 武汉：武汉体育学院，2009.
② 袁华. 乒乓球运动11分制的竞赛特征分析 [D]. 北京：北京体育大学，2003.

— 24 —

对三人制篮球的竞赛特征进行研究，在竞赛的组织和管理方面涉及的内容非常丰富，包括竞赛体制、竞赛方法、竞赛管理、竞赛规则、竞赛裁判等多方面内容，而研究中很难涉及所有方面，对于所有内容的研究都是保证竞赛赛事的成功开展。因此，对三人制篮球的竞赛特征进行研究的选择要具有代表性。另外，在运动竞赛的研究中，竞赛过程是最重要的研究领域。竞赛中，参赛者要战胜对手赢得最后胜利并取得优异成绩，而运动员的竞技能力及临场发挥是最为重要的因素。从项群理论视角来看，三人制篮球属于技能主导类同场对抗项目，其竞技能力的主导因素是技术、战术能力。因此，对三人制篮球竞赛特征的研究中，技术、战术特征的研究要作为最为重要的部分。在竞赛过程中，技术、战术是最重要的外在表现，而技术、战术的运用过程中必然伴随着运动负荷，负荷是竞赛中最重要的内在因素，对竞赛中的负荷特征的研究也是重要部分。总之，对于特征的研究是多角度、多维度和多方面的，本文对三人制篮球竞赛特征的研究从赛事特征、负荷特征和技战术特征三方面进行。

三、项目特征研究对原有理论的补充

首先，随着现代体育的快速发展，各种竞赛项目呈现出发展的多样化。许多从母体项目中衍生出来的衍生项目，已经脱离母体独立发展。[①] 例如，沙滩排球已经成为欧美国家最为流行的体育项目之一，并已成为奥运会竞赛项目。在这样的背景下，三人制篮球虽然是在五人制篮球的基础上发展起来的，但并不是五人制篮球的复制或作为简化版出现，而是呈现出自身的项目特征、规律及训练和竞赛理论。其次，三人制篮球作为一个独立的竞赛项目，对其理论研究存在不足，那么对于三人制篮球的理论研究就是对篮球运动理论的丰富。在这种情况下，对于三人制篮球的理论研究就是面对新的问题，在解决这些问题的过程中，无论是应用训练学、竞赛学、教育学还是社会学等理论，都会呈现出全新的结果，这也正是科学研究的时效性决定的。因此，对于三人制篮球的理论研究，特别是对于其

---

① 任定猛. 五人制足球训练比赛理论体系构建与技战术训练应用研究 [D]. 北京：北京体育大学，2011.

项目特征的研究，是对篮球运动理论体系的有效补充。一方面丰富了篮球运动理论体系，另一方面也会更加有效地指导运动实践，使我国的三人制篮球项目更为科学地发展。

第二章

世界三人制篮球赛事特征

第一节　世界三人制篮球赛事体系的构建

一、"赛事"与"赛事体系"释义

田麦久在其《运动训练学》一书中指出，"运动竞赛是在裁判员的主持下，按统一标准的规则，来组织运动员和运动队之间的竞技较量。"竞赛作为体育的一种最为活跃的方式，起源可以追溯到远古时代。古人在原始社会就有争取胜利的竞争意识，而随着文明的发展逐渐形成了较为成熟的竞赛方式。① 与"竞赛"相对应的，"赛事"的含义则较为单一，并不涵盖比赛的过程和内容，更多的是一种抽象和静态的概念表达；当今世界，任何"赛事"都并非独立存在，而是作为某一赛事系统中的某一个单位或元素，因此更具有系统性。与单一元素的概念相对应，系统则是不同形式的元素集合，将各种形式的赛事进行不同组合形成"竞赛体系"，而体系中的任何"赛事"之间都会有相应的联系，不同的"赛事"在系统中都有与之相对应的位置和作用；由于"结构"决定"功能"，赛事体系的功能同样是由赛事体系结构所决定。依据系统科学，将"赛事体系结构"定义为系统中的各种赛事相互结合时的排列方式与次序。② 本文借鉴前人对"赛事体系结构"的分类，将其分成三种类型：第一种是纵向等级结构，第二种是横向并列结构，第三种是并列与等级的综合结构。任何赛事结构都是由不同赛事类型决定的。

---

① 田麦久. 运动训练学 [M]. 北京：人民体育出版社，2001.
② 袁守龙. 我国竞技体育赛事组合系统结构的优化与应用 [D]. 北京：北京体育大学，2004.

二、三人制篮球赛事体系建立的迫切性

三人制篮球自 20 世纪 60 年代在美国产生以来，在世界范围内迅速发展，三人制篮球已经成为人们特别是青少年最为喜爱的运动项目之一，凡是有篮球场的地方就会有三人制篮球运动，三人制篮球作为街头篮球的一种形式，已经成为美国篮球文化中最为重要的组成部分。虽然五人制篮球在我国流行已久，但正规的三人制篮球赛事却出现得较晚。直到 1993 年，第一次三人制篮球赛在中国香港的维多利亚公园举办并获成功，此后，三人制篮球运动在我国民间迅猛发展。特别指出的是，广东省是我国三人制篮球开展最早的省份，1995 年举办的"羊城晚报杯"三人制篮球挑战赛，参赛队伍多达 300 支，此后又在一些大城市如北京、上海、西安等举办了一些赛事。在这项比赛以后，知名企业品牌冠名赞助的各种三人制篮球赛事接踵而来。同时，高校三人制篮球运动也开展得如火如荼，2002 年 TBBA 中国大学生三人制篮球赛成功举办，参赛队多达 4000 支，参赛人数在 16000 人以上，竞赛规模和影响范围都是史无前例的，这也充分说明三人制篮球运动已经深入我们社会的每一个角落。

虽然三人制篮球赛事在世界范围内得到了广泛开展，但是其扮演的角色却始终是民间的和草根的，没能登上国际舞台，更没有以国家队形式进行竞赛的高水平赛事。同时由于在民间的赛事缺少统一的指导和管理，各赛事独立举办，甚至不同赛事采用的规则也有较大差别，使得赛事之间缺少必要的联系，评价标准不统一。这就需要国际篮联在世界范围内构建一个能被广泛认可的三人制篮球赛事体系。2011 年以后，国际篮联在直接举办高水平赛事的同时，也将越来越多的民间赛事纳入其体系当中，从而扩大了赛事体系的规模，并加强了体系内各项赛事之间的联系，使得世界三人制篮球赛事体系越来越完善，以使更多的人在此项赛事体系中进行竞赛活动。

三、世界三人制篮球赛事的扩展

2011 年以来，国际篮联为使三人制篮球从草根项目登上奥运舞台，而在世界范围内积极推广三人制篮球：在国际篮联官方网站为三人制篮球设立专门的网页（图 2 - 1），并制定了一系列竞赛制度，在世界范围内构建了三人制篮球的赛事体系。而在三人制篮球赛事体系中的各类比赛，有由国际篮联直接承办的赛事，同时也有授权举办的以及官方承认的赛事。从比赛承办者方面看，主要包括由国际篮联、大洲篮联、国家篮协、民间组织和个人承办的影响力由大到小、水平由高到低的各种赛事。竞赛体系中的不同赛事间存在相互联系，而这种联系主要通过运动员和赛事的登记注册信息及国际篮联对于赛事等级的划分规定、运动员的积分获得与位置排名等制度实现的。

图 2 - 1　国际篮联官方网站三人制篮球网页

1. "吸引"策略使赛事体系规模扩展

目前，国际篮联仅举办有限的几项国家队赛事，如三人制篮球世锦赛（成人、18岁以下）和三人制篮球世界巡回赛等。国际篮联主要通过"吸引"策略将更多的比赛纳入体系，使三人制篮球赛事体系规模不断扩大。"吸引"策略包括国际篮联要尽可能多地直接举办有影响力的国家队赛事，更重要的在于要鼓励和支持其他组织或个人举办不同级别的赛事，使整个赛事体系变成一个开放的系统，使更多的符合要求的民间赛事得以加入，同时使更多的运动队和运动员加入其中。国际篮联规定，如果想成为赛事体系的一项赛事，无论任何承办单位、竞赛水平都必须满足以下条件：首先，赛事在竞赛时执行的必须是2012年国际篮联制定的三人制篮球竞赛规则。其次，赛事的举办者如想举办赛事，则必须在国际篮联网站中赛事软件上进行注册并得到所在国篮协的认可。再次，各类赛事运动员要在国际篮联三人制篮球数字平台"www. fiba. basketball/3×3 planet"进行登记注册，并同意将竞赛结果公布在网上，同时使用运动员的数据计算排名。最后，体系中任何赛事都可以使用国际篮联规定的三人制篮球官方标识和LOGO（图2-2）。

图2-2　国际篮联三人制篮球官方标识

2. "联系"策略使赛事联系更为紧密

"吸引"策略的实施过程中离不开"联系"策略，这两种策略是水乳交融和相辅相成的。"联系"策略主要通过网上在线完成，国际篮联网站中三人制篮球数字平台——"www. fiba. basketball/3×3 planet"（图2-3）是其中最为核心的部分，它可以生成运动员的个人排名并促进不同赛事之间的联系和交流。各类竞赛信息都会被储存在这个数字平台上，其中既包括世锦赛、青年奥运会、亚青会等世界大赛，也包括一系列草根赛事，运动员注册后便可以获取任何赛事信息和不同运动员的积分与排名信息。通过查阅赛事信息，运动员可以通过参加更多草根赛事并获取较高积分，从而获得参加高水平比赛的资格。国际篮联为了更为便捷、有效地管理各类赛事，开发了三人制篮球赛事管理软件"3×3 Event Maker"。该软件是"www. fiba. basketball/3×3 planet"与三人制篮球赛事联系的关键，它可以为数字平台提供各种赛事信息并可以为运动员计算排名提供数据。国际篮联"吸引"策略和"联系"策略见表2-1。

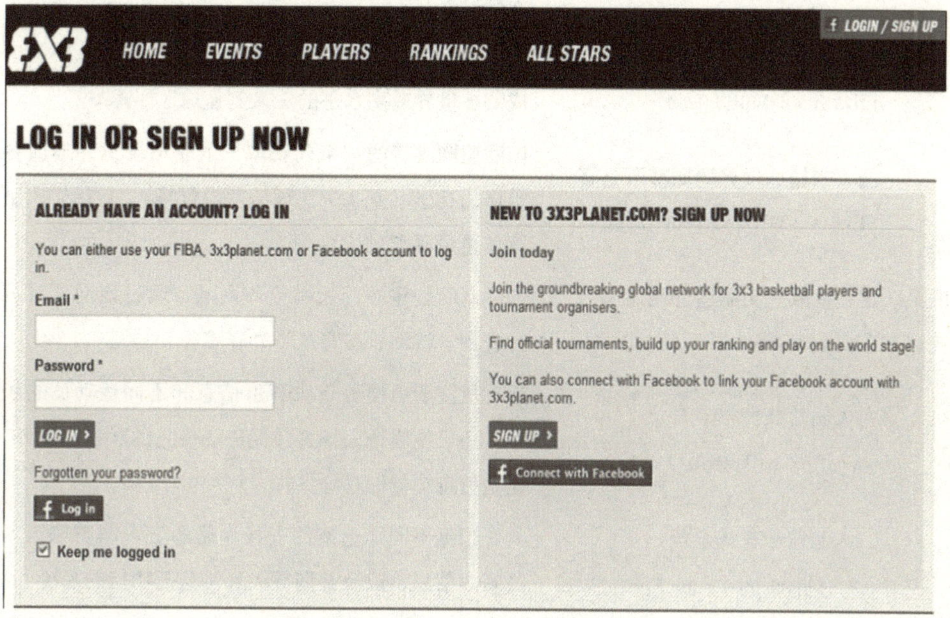

图2-3　三人制篮球数字平台——"www. fiba. basketball/3×3 planet"

表 2-1　国际篮联"吸引"策略和"联系"策略

策略	内容	概念
吸引策略	三人制篮球赛事体系 3×3 Competition Network	国际篮联支持的、不同等级三人制篮球赛事组成的赛事体系（包括三人制篮球国家队赛事、世界巡回赛、资格赛等）
	三人制篮球国家队赛事 National Team Competition	国际篮联举办的、由各国组队参赛的国家队赛事（参赛国必须为国际篮联成员，参赛队员必须为该国国籍公民）
	三人制篮球世界巡回赛 FIBA 3×3 World Tour	国际篮联举办的、由若干个分站赛和一站总决赛组成的、世界最高水平的三人制篮球巡回赛事
	三人制篮球世界巡回赛资格赛 FIBA 3×3 World Tour Qualifiers	国际篮联支持的一系列获取三人制篮球世界巡回赛资格的赛事（至少1支球队获得资格）。包括三人制篮球邀请赛和挑战赛
联系策略	国际篮联三人制篮球网站 Fiba. com/3×3	国际篮联创建的三人制篮球网站，通过该网站可进行查询、咨询、参赛及举办赛事等
	三人制篮球数字平台 www. fiba. basketball/3×3 planet	运动员注册后便可获取赛事信息和不同运动员的积分，还可生成个人排名并促进赛事间的联系。此外，竞赛信息会被储存
	三人制篮球查找系统 3×3 planet pick - up App	具有根据不同筛选条件查找注册的三人制篮球运动员基本信息，以及查询等级和排名等功能的系统
	主要赛事网站 Event Website	三人制篮球赛事专门网站，通过网站可查询该赛事的一些基本信息（包括运动员人数、观众人数、比赛数据、声音、图片等资料）
	组织比赛登记系统 3×3 Event Maker	国际篮联为有效举办和管理三人制篮球赛事，为赛事举办者提供的系统，该系统是三人制篮球数字平台与赛事之间联系的关键

四、世界三人制篮球赛事体系结构

国际篮联通过"吸引"和"联系"策略，在世界范围内不断扩大三人制篮球赛事体系。从纵向来分析世界三人制篮球赛事体系，其中的赛事在纵向存在着一定的联系。因为体系中既包括由国际篮联直接举办的高水平和高关注度的精英赛事，同时也包括参与人数众多的、用于获得一定积分的草根赛事。精英赛事与草根赛事之间通过"积分""席位""序位"等产生关联并相互联系，国际篮联三人制篮球数字平台上的积分参数则是实现这一联系的关键。如表 2 - 2 所示，国际篮联按竞赛水平将世界三人制篮球竞赛体系中的所有比赛分为 10 个水平等级，每种颜色代替一个等级，颜色较浅代表水平较低，而颜色越深则代表赛事水平越高，运动员可以在水平高的赛事中获得较多积分。例如，白色代表最低水平等级的比赛，而黑色则代表最高水平等级的比赛。想参加高水平等级比赛的运动员可以先参加相对低水平等级的比赛，当获得一定的积分后，通过累积积分来提高个人排名，这样就有机会参加如世界三人制篮球循环赛这样高水平等级的赛事。从横向来分析世界三人制篮球赛事体系，其并列存在于以国家队赛事为代表的独立赛事和巡回赛赛事的两大赛事体系，而且两大赛事体系之间相对较为独立且关联性较低（图 2 - 4）。巡回赛体系中的赛事通常是以系列赛形式存在的，赛事纵向联系较为紧密，而以国家队形式参赛为代表的独立赛事构成的体系则相对较为松散。由于赛事体系是一种主要以系统积分为赛事间联系的体系，因此，产生关联的是通过任何体系的任何赛事都可获得不同分值的积分。

表 2 - 2　三人制篮球赛事体系的等级结构

等级	国家队比赛	城市赛	第 1 ~ 33 名所得积分
黑色	国际篮联三人制篮球世锦赛	国际篮联世界巡回赛和全明星赛	144000 ~ 1200
红色	国际篮联三人制篮球赛 U18 和地区赛	挑战赛和邀请赛总决赛	72000 ~ 600

续表

等级	国家队比赛	城市赛	第 1~33 名所得积分
棕色	国际篮联三人制篮球地区赛 U18		48000 ~ 400
紫色	其他 18 岁以上国家队赛事	选拔赛和邀请赛	36000 ~ 400
蓝色	其他 18 岁以下国家队赛事	18 岁以下选拔赛	24000 ~ 400
浅褐色		其他一般赛事	18000 ~ 300
绿色		30 岁以上、18 岁以下比赛	12000 ~ 200
橙色	15 岁以下国家队赛事		9000 ~ 150
黄色		15 岁以下比赛	3000 ~ 50
白色		13 岁以下比赛	1500 ~ 25

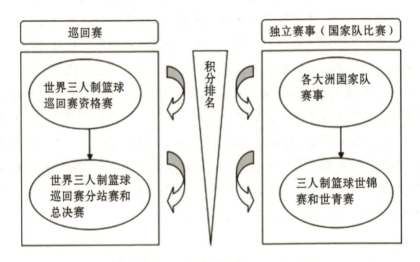

图 2-4　三人制篮球赛事体系并列结构

　　总之，世界三人制篮球赛事体系结构既具有横向的并列特征又具有纵向的聚合特征，犹如横纵两轴，每一项赛事都能在交叉点上找到其相应的位置。因此，可以将其赛事体系总结为"并列—等级"的综合结构。

五、赛事体系中的主要赛事

（一）三人制篮球国家队赛事

　　虽然三人制篮球是世界范围内开展最为广泛、最为流行的体育项目之一，但其一直不是奥运会比赛项目。在国际篮联的不懈努力下，三人制篮球终于成为东京奥运会正式比赛项目。2011年以来，国际篮联推广三人制篮球最主要的途径之一是一系列以国家队形式举办的大型国际赛事，包括三人制篮球世锦赛、世青赛（U18），以及青奥会和亚青会的三人制篮球赛事等。其中作为三人制篮球运动水平最高和最为重要的国际赛事，三人制篮球世锦赛和世青赛（U18）是由国际篮联直接举办的。这两项赛事在竞赛时间和场地方面都有一定的规定，比赛都为期3天，世锦赛要求在室外的4块场地上进行，世青赛要求在室外6块场地上进行；在赛事的规模方面，两项赛事规模较为相似，世锦赛要求有24支男队和24支女队参赛。世青赛的参赛队伍稍多，一般由32支男队和24支女队参赛；由于竞赛时间较短，对场地的要求较低，不需要大型的体育场馆，且竞赛的规模较小，这使得许多不发达国家也有机会举办这种大型的赛事，使三人制篮球更容易在这些地区开展。在比赛内容的设置方面，世锦赛和世青赛均由团体赛和个人赛两部分组成。团体赛作为赛事的主体部分，包括男子比赛、女子比赛和男女混合比赛，各国家参赛队都围绕这些赛事进行争夺。个人赛作为团体赛的一项补充内容，是为吸引更多年轻人参与、带有表演性质的比赛，包括男子扣篮比赛、女子技巧挑战赛和男女投篮比赛，使三人制篮球符合街头体育文化以及娱乐精神，同时提高了大众对于三人制篮球运动的关注度。在运动员的参赛资格方面，这两项国际性赛事都要求运动员由所在国家篮协招募。在整个招募过程中，要求参赛的运动员必须具备下列条件，如必须在国际篮联三人制篮球数字平台"www. fiba. basketball/3×3 plan-et"上进行登记注册，而且对运动员的参赛经历也有一定要求，也就是参赛者必须在参赛年最少参加过一项国际篮联授权举办的赛事，只有满足以上条件的运动员才有资格参加这两项赛事。

（二）世界三人制篮球巡回赛

世界三人制篮球巡回赛是由国际篮联授权的三人制篮球赛事，以巡回赛分站赛和总决赛为主体赛事（图2-5）。这项赛事的参赛运动员可以任意自由组队且没有国籍限制。国际篮联在巡回赛举办地点选择方面，既要考虑在不同大洲和国家举办，同时又要考虑到在不同国家和地区三人制篮球的开展情况。例如，在2012年第一届世界三人制篮球巡回赛中，分站赛分别在美国纽约、巴西圣保罗、土耳其伊斯坦布尔、俄罗斯符拉迪沃斯托克（海参崴）和西班牙马德里五个城市举办，而巡回赛总决赛的地点则定在美国迈阿密。国际篮联在巡回赛举办时间的选择方面，既要考虑到三人制篮球竞赛在室外举行，同时又要避免与其他大型的国际赛事产生冲突，因此，选择7—9月举办世界三人制篮球巡回赛分站赛和总决赛。在参赛队伍数量方面，2012年国际篮联规定每个分站赛选拔出1~2支球队参加最后

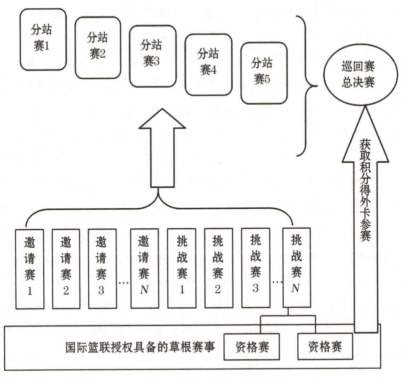

图2-5　世界三人制篮球巡回赛

的总决赛，而总决赛中其余参赛队伍由国际篮联根据其积分，发给积分较高且高排名的队伍外卡，以提高参赛队伍的积极性和总决赛的整体水平，最后的总决赛通常只有 16 支队伍参加。在各分站赛参赛资格方面，参赛球队主要通过资格赛的形式来选拔，此种资格赛同样是由国际篮联授权，任何国家、组织、高校等都可以提出办赛申请，而国际篮联要对提出申请的候选对象进行评估，然后确定是否授权。资格赛评估主要以赛事的规模、赛事的影响力、赛事的奖金、参赛者的多样性、赛事的传统及是否得到该国篮协的支持等方面作为评估内容。此外，国际篮联还对赛事举办时的安全提出一定要求，并由国际篮联研究中心提供相应指导工作。在资格赛中，至少可以有一支取得优异成绩的参赛队伍被允许参加巡回赛分站赛，而这种资格赛主要包括两种形式的比赛：邀请赛和挑战赛。

（三）普通三人制篮球巡回赛

在世界三人制篮球竞赛体系中，三人制篮球普通巡回赛是重要赛事之一，同时也是国际篮联在发展三人制篮球时大力支持和全力推广的赛事。此项赛事是所有高水平赛事的基础，也是草根运动员走向国际舞台的必经之路。所谓普通巡回赛同样也是由国际篮联授权的，并在三人制篮球数字平台注册登记的赛事，但由于这些赛事的级别相对较低，还不能直接成为世界三人制篮球巡回赛的资格赛。这些比赛既相互独立又彼此联系，且它们拥有以下几项特征：首先，普通巡回赛通常由三项以上赛事组成，每项赛事通常最少有 50 支球队参赛，且普通巡回赛包括所有类型的比赛；其次，在同一个城市可以举办几个普通巡回赛，也可在不同城市举办一个普通巡回赛，更可在多个城市举办多项赛事；再次，在普通巡回赛比赛中，对参赛球队运动员没有任何国籍限制，运动员可以自由组队参赛；最后，经过国际篮联评估和考核举办最好的普通巡回赛有资格被选定为世界三人制篮球巡回赛的资格赛。此外，一些国家篮协通过举办此类赛事来选拔优秀三人制篮球运动员以及运动队，代表本国参加一些大型的国际三人制篮球赛事，而在对普通三人制篮球巡回赛的推广方面，各国篮协在国际篮联授权下可以批准本国区域内的普通巡回赛，并使之遵守国际篮联有关三人制篮球的相关规定。

第二节　世界三人制篮球赛事积分制特征

一、赛事积分制

积分制是对参赛者的参赛行为进行积分化评价的累积结果，是定量化或定量—定性相结合的评价。随着三人制篮球赛事种类、赛事数量和参赛人数的增加，国际篮联积极地采用积分制促进世界三人制篮球的发展。积分制可以扩大赛事规模，使得赛事之间存在相互依托的关系，从而使赛事组合系统价值的效果叠加，相较于单一赛事更加有序、系统和增值[1]；积分制可以客观评价比赛结果，真实地反映运动员的技术水平，客观地衡量其参赛的成绩，以使比赛结果更加公平、公正；积分制可鼓励运动员参赛，增加参赛人数，更合理地选择大赛的参赛选手以及确定种子队员，对世界优秀运动员或运动队有一个全面的掌握[1]。此外，运动员在比赛中获得积分，可以定量地体现自身价值，可以满足参加比赛的心理需求，可以增强训练的积极性。

二、国际三人制篮球赛事的积分制规定

（一）不同赛事的积分价值配重

国际三人制篮球赛事的积分价值配重是国际篮联针对不同级别赛事进行的定性和定量化的积分赋值。由于不同赛事之间在竞赛水平、赛事规模、赛事类别等方面存在差别，赛事本身蕴含的社会价值不同。因此，当赛事数量增多、赛事类别增加、赛事体系规模不断扩大时，就需要通过不同赛事赋予不同积分的方法区

---

① 陈曦. 职业网球制度研究［D］. 北京：北京体育大学，2013.

别赛事的价值。2012 年国际篮联构建完整的国际三人制篮球赛事体系，体系中的赛事按运动员参赛时的国籍要求分为国家队赛事和城市赛赛事，而所有赛事根据其竞赛水平和社会价值划分为 10 个层次。如表 2－3 所示，10 个层次分别由不同颜色代表，颜色越深代表层次越高，所赋予的分值越高，而颜色越浅则代表层次越低，所赋予分值越低。例如，三人制篮球世锦赛、世界三人制篮球大师杯、三人制篮球世青赛等作为精英赛事，具有较高的竞赛水平和社会影响力，通常用黑色和红色代表其赛事水平，并赋予其高于其他层次赛事的分值。

表 2－3　不同等级赛事名次的积分赋值

名次	黑	红	棕	紫	蓝	浅褐	绿	橙	黄	白
1	144000	72000	48000	36000	24000	18000	12000	9000	3000	1500
2	115200	57600	38400	28800	19200	14400	9600	7200	2400	1200
3	100800	50400	33600	25200	16800	12600	8400	6300	2100	1050
4	86400	43200	28800	21600	14400	10800	7200	5400	1800	900
5	72000	36000	24000	18000	12000	9000	6000	4500	1500	750
6	62400	31200	20800	15600	10400	7800	5200	3900	1300	650
7	52800	26400	17600	13200	8800	6600	4400	3300	1100	550
8	43200	21600	14400	10800	7200	5400	3600	2700	900	450
9	21600	10800	7200	5400	3600	2700	1800	1350	450	225
10	19200	9600	6400	4800	3200	2400	1600	1200	400	200
11	16800	8400	5600	4200	2800	2100	1400	1050	350	175
12	14400	7200	4800	3600	2400	1800	1200	900	300	150
13	12000	6000	4000	3000	2000	1500	1000	750	250	125
14	9600	4800	3200	2400	1600	1200	800	600	200	100
15	7200	3600	2400	1800	1200	900	600	450	150	75
16	4800	2400	1600	1200	800	600	400	300	100	50
17~32	1920	960	640	640	640	480	320	240	80	40
33 以后	1200	600	400	400	400	300	200	150	50	25

（二）多元性积分综合评价

从微分化角度认识体育赛事，赛事可通过一元积分和多元积分分析比赛。一元积分是通过对名次预设一定分值或按其他评价标准对赛事的一次定量化评价。多元积分是通过名次积分和运动成绩积分或增加相应的奖励积分和惩罚积分对赛事进行的综合性评价。国际篮联考虑到三人制篮球的项目特征，并参考其他项目的积分制特点，在一元积分的基础上，充分考虑不同赛事的价值差异、胜负关系和得分，同时为使运动员在比赛中能够全力争胜，增加比赛的精彩程度，并鼓励进攻得分，将三人制篮球积分设置为多元性积分。积分采取"名次积分+胜负积分+得分积分"的方式综合评价。其公式为：

公式1：积分＝名次积分＋胜负积分（3场最好比赛结果）＋得分积分

公式2：得分积分＝5场比赛得分总和/20×不同等级赛事得分的积分赋值

名次积分方面，国际篮联根据不同三人制篮球赛事的竞赛水平和社会价值，将赛事划分为由不同颜色代表的、水平由高到低的10个等级，并对不同等级赛事及相应的名次进行定性和定量化的积分赋值。运动员参赛后根据赛事等级及名次，可通过表2-3查询自己在本次比赛中所获取的名次积分。

胜负积分方面，国际篮联规定参加三人制篮球赛事的运动员可以通过3场最好比赛结果的场次获取胜负积分，也就是获得3场以上的胜利就可获得全部胜负积分。比赛的胜负积分数见表2-4，不同等级赛事的胜负积分赋值不同，运动员可将3场最好的比赛结果与表2-4的积分赋值相对应后，将3个积分值相加所得就是比赛的胜负积分。

表2-4　不同等级赛事胜负的积分赋值

	黑	红	棕	紫	蓝	浅褐	绿	橙	黄	白
胜	7200	3600	2400	2400	2400	1800	1200	900	300	150
负	2400	1200	800	800	800	600	400	300	100	50

得分积分方面，国际篮联通过（公式 2）将运动员比赛得分转换为得分积分。方法是将运动员得分最多的 5 场比赛得分和除以 20 后，与不同等级赛事得分的积分赋值（表 2 - 5）相乘所得即得分积分值。

综上所述，通过对运动员参加某项比赛进行综合评价，也就是将名次积分 + 胜负积分 + 得分积分相加所得积分就是该运动员参加比赛的积分。

表 2 - 5　不同等级赛事得分的积分赋值

	黑	红	棕	紫	蓝	浅褐	绿	橙	黄	白
得分	12000	6000	4000	1200	800	600	400	300	100	50

（三）单一赛事积分与系列赛积分结合

国际篮联建立的三人制篮球赛事体系中，赛事种类众多，赛制复杂，竞赛中经常采用单一赛事积分与系列赛积分相结合的方式评价比赛。单一赛事积分是竞争性和对抗性项目在循环赛赛制排序时的积分化过程[1]；而循环赛制在三人制篮球世锦赛等高水平的三人制篮球赛事中作为混合赛制的组成部分经常应用。三人制篮球作为五人制篮球的衍生项目，与五人制篮球相同，其竞赛结果只有胜负之分，没有平局现象，而且通常采用胜者积 2 分、负者积 1 分的循环赛制中单场比赛的积分方式。系列赛积分是对性质统一的多次比赛进行的累计积分方法，从积分的时间上分为赛季积分、年度积分和多年积分。国际篮联规定国际三人制篮球累计积分排名时采用连续 12 个月的年度系列赛积分，而系列赛积分包括运动员所参加成绩最好的 3 站三人制篮球大师杯所得积分，其他 6 个成绩最好的国际篮联赞助赛事所得积分，以及 200 个草根赛事所得积分之和。

（四）累计积分生成积分排名

国际三人制篮球积分排名是三人制篮球的重要组成部分，是判断运动员和国

---

①　王蒲. 运动竞赛理论与方法研究 [M]. 北京：人民体育出版社，2008.

家队水平的重要指标，包括个人积分排名和国家积分排名。个人积分排名是指运动员在国际篮联网站中三人制篮球数字平台"www. fiba. basketball/3×3 planet"注册后，参加国际篮联直接举办或赞助的三人制篮球赛事等，通过成绩排名、胜负场次和比赛得分进行综合评价获得积分，累计系列赛积分后进行比较生成的排名。国家积分排名是拥有本国国籍、排名前100的运动员个人积分累计后的排名，而运动员必须在"www. fiba. basketball/3×3 planet"进行注册。个人积分排名和国家积分排名又分为男子、女子、U18男子和U18女子四种类型。各类排名都在"www. fiba. basketball/3×3 planet"公布并定期更新，使运动员和国家队方便查阅并制订相应的训练和比赛计划。较高的个人积分排名和国家积分排名可获得较高等级赛事的参赛席位或在比赛时种子队等较好的参赛位置。

（五）积分排名与参赛席位紧密联系

参赛席位是指赛事的参赛资格，它是赛事规模不断扩大的结果，也是一个运动项目发展的必然结果。国际三人制篮球赛事中，许多草根赛事对参赛者数量无限制，凡具备条件者即可报名参赛，而精英赛事等为保证赛事的水平对参赛席位的数量进行了限制。如表2-6所示，运动员或运动队累计积分后的排名越高，就有更多机会获得精英赛事等高水平赛事的参赛资格。例如，三人制篮球世锦赛分别设置男、女各24个参赛席位，每个大洲最少有1支参赛球队，但最多不能超过参赛球队总数的50%，而参赛队伍和参赛国的比例不得高于1.33。这些规定使世界积分排名高或者同一大洲积分排名高的国家将获得三人制篮球世锦赛的参赛席位。国家队通常由4名运动员组成，其中至少2名为选拔赛冠军队成员，而且全部队员在规定期限内最少参加过2项国际篮联官方网站登记赛事，至少有2名队员的积分排名居全国前10名。这样既可保证国家队主要由通过选拔赛获得好成绩的优秀运动员组成，又可使积分排名较高的运动员获得参赛机会。

表 2-6　国际三人制篮球精英赛事参赛席位获得条件

精英赛事	参赛席位获得条件	备注
国家队 赛事	1. 国家队积分排名（前 100 名运动员累计） 2. 东道主国家 3. 通过资格赛获得参赛席位 4. 举办 3 项以上赛事	1. 运动员为参赛国国籍 2. 队员至少有 2 名进入全国前 10 3. 运动员限期内至少参加 2 项赛事 4. 积分排名以限期内 www. fiba. basketball/3×3 planet 公布为主
大师杯	1. 通过资格赛获得参赛席位 2. 积分排名较高者可获参赛外卡	1. 运动员可自由组队，不受国籍限制 2. 积分排名高者可获得有利竞赛编排位置

三、赛事积分制特征的启示

（一）增加注册运动员人数

通过宣传使更多三人制篮球参与者了解国际三人制篮球积分制特征，从而通过在国际篮联官方网站中三人制篮球数字平台"www. fiba. basketball/3×3 planet"进行注册成为国际三人制篮球注册运动员。同时，在国内举办的一系列重要赛事中对参赛运动员的注册资质进行要求，使其成为参赛的必备条件。通过一系列措施，可使我国越来越多的三人制篮球参与者通过比赛获得积分与排名，尽快融入国际三人制篮球竞赛体系，从而不断增加我国高水平注册运动员数量，提高我国三人制篮球的累计积分排名，获得更多三人制篮球世锦赛等高水平赛事的国家队参赛席位和更好的参赛位置。

（二）积极举办国际篮联赞助的三人制篮球赛事

篮协等通过积极举办各类赛事，不断扩大我国三人制篮球赛事体系。其中，在全运会、青运会和大运会等国内大型综合赛事中将三人制篮球列为比赛项目，或直接承办大师杯和大师杯资格赛等精英赛事，使我国三人制篮球运动员有更多机会参加高水平赛事并获得较高积分，以提高自己的积分排名。同时，进一步完善我国三人制篮球国家队的选拔机制，特别是应采用选拔赛和积分赛的方式进行选拔，这样既可以做到公平、公正地为三人制篮球国家队选拔高水平人才，又可以提高运动员参与选拔的积极性。此外，篮协还应成立专门机构负责组织三人制篮球赛事、推广和宣传三人制篮球，并对三人制篮球国家队的组建选拔、日常训练和参赛进行专门管理。

（三）鼓励其他机构和个人参与组织三人制篮球赛事

我国篮协在积极举办各类三人制篮球赛事的基础上，还应鼓励体育俱乐部、高校、社区、私人公司、个人等举办各类三人制篮球赛事。赛事的组织者只要通过国际篮联官方网站上的"3×3 Event Maker"进行注册，并在比赛中应用国际篮联三人制篮球规则和官方标识，就可得到篮协承认及技术支持，并受到篮协的监督。鼓励其他机构和个人组织三人制篮球赛事，可以充分利用其他社会资源发展三人制篮球。此类赛事虽然层次较低，但参赛名额多，参赛限制少，可以吸引不同水平、年龄、性别的运动员参赛，增加累计积分，这也是我国三人制篮球发展的基础和有效途径。

（四）综合制订参赛目标

运动员参加每一项赛事都要经过研究和权衡，并且制订出周密的参赛计划去实现预定的目标，从而体现自身价值。由于国际三人制篮球赛事间的积分联系、积分排名与参赛席位的联系以及积分获得的综合性和累计性特征，三人制篮球运动员应综合性地制定参赛目标。这类参赛目标应包括综合性目标和达到的标准两方面。综合性目标是三人制篮球运动员参赛时所完成的多元化任务，包括名次、奖金、积分、参赛席位等，而达到的标准是运动员根据自身竞技能力、对手竞技能力及竞赛的客观条件等确定比赛需要实现的成果。

（五）整体性地选择参赛

众所周知，价值影响决策，赛事价值影响参赛决策。根据参赛价值的层次理论，参赛的价值选择划分为单一赛事、多项赛事和整体性参赛。整体性参赛的价值选择是最为复杂的、带有全局性的决策，其指导着单一赛事和多项赛事的价值选择。① 目前，大量三人制篮球赛事在全国各地举办，且赛事通过系列赛或积分等形式相互联系。因此，运动员应根据参赛的总目标并考虑其他各站赛事的价值因素，从整体上对参赛总数及各站比赛进行合理布局。运动员参加的赛事之间都应具有一定的关联性。每次参赛目标都应得到足够的延伸和拓展，因为每次参赛目标的实现都关系到下一个比赛，即前者是后者的基础，而参赛总目标的实现需要各参赛目标的几何叠加。

（六）控制参赛数量与密度

由于我国各类三人制篮球赛事的举办呈现出阶段性和集中性的特征，运动员会在一段时间内连续性地参加比赛。单项三人制篮球赛事的竞赛时间一般在 3 天以内，单场三人制篮球比赛净时间一般在 10 分钟，比赛负荷量较小，但由于比赛节奏快、身体对抗激烈，其比赛负荷强度较大。运动员应根据竞技能力、年龄、运动年限等自身实际情况和比赛设置合理安排年度的参赛数量与密度。运动员参赛数量少、密度小，无法获得足够的奖金和积分，而参赛数量多、密度大则容易出现疲劳和伤病等情况。因此，运动员应主要围绕高水平赛事选择性地参加比赛，控制参赛数量与密度。而在连续比赛阶段，通过逐渐增加参赛数量和提高参赛密度等方式，获得相应的积分和参赛席位，并逐渐进入最佳竞技状态，为最终参加高水平赛事并取得优异成绩做准备。

（七）以赛代练，赛练结合

三人制篮球运动员参加赛事时，应注重赛事的直接效益和间接效益。直接效益是运动员通过比赛可以获得名次、奖金、积分、参赛席位，而间接效益是运动员通过比赛提高竞技能力、增加比赛经验、适应比赛节奏等。三人制篮球运动员

---

① 杨涛 . 击剑积分制下的国际竞赛特征及参赛优化［J］. 北京体育大学学报，2009，8（32）：140 - 144.

如将每项赛事都作为重大赛事对待，过分注重直接效益，力求优异成绩，必然要进行充分准备，参赛数量较多会影响训练的系统性，不利于运动员的长远发展。因此，"以赛代练，赛练结合"应是三人制篮球运动员主要采用的安排方式。围绕重大赛事，人们将其他一些赛事作为训练的一部分，或作为教学赛、测试赛、热身赛等，注重直接效益与间接效益的结合，不但利于实现取得优异成绩的直接效益，还可实现有效提高运动员竞技能力的间接效益。

第三章

三人制篮球负荷特征

比赛中的竞赛负荷是运动项目最重要的项目特征之一，任何项目都有区别于其他项目的负荷特征，例如能量代谢特点、比赛竞赛总时间、竞赛有效时间、跑动特征和心率特征等。只有对这项运动项目的要素进行全面、有效的把握，才能更好地理解三人制篮球项目的负荷特征。[①] 比赛的负荷特征主要包括负荷量和负荷强度两个方面，负荷量主要通过竞赛时间、跑动距离，而负荷强度主要通过能量代谢、心率等指标进行衡量。与此同时，研究又呈现从定性研究向应用各种先进仪器设备的定量研究发展。总之，对负荷特征的研究主要从以下三个方面进行：第一，竞赛时空特征，其中时间特征包括竞赛总时间、净时间、中断次数、攻守转换次数等，而竞赛空间特征包括人均场地面积、跑动距离、跑动速度等。第二，竞赛中技术运用，其中包括起跳次数、身体对抗次数等。第三，竞赛中生理负荷特征，其包括心率、能力代谢等。而本书对于三人制篮球负荷特征的研究也主要从这几个方面选择指标。

如表 3-1 所示，通过对 2010 年青奥会 9 场三人制男篮比赛、2012 年三人制篮球世界锦标赛淘汰赛阶段的 8 场男篮比赛以及 2013 年亚青会 4 场三人制男篮比赛进行录像分析，获取研究所需要的比赛时空特征数据、对抗特征数据和技战术特征数据。

表 3-1　三项三人制篮球赛事竞赛场次

2010 年青奥会	2012 年世锦赛	2013 年亚青会
塞尔维亚 VS 美国	希腊 VS 法国	中国 VS 韩国
克罗地亚 VS 菲律宾	俄罗斯 VS 乌克兰	乌兹别克斯坦 VS 土库曼斯坦
以色列 VS 南非	美国 VS 塞尔维亚	中国台北 VS 泰国
美国 VS 以色列	法国 VS 以色列	中国台北 VS 菲律宾
美国 VS 新加坡	塞尔维亚 VS 乌克兰	

---

① 周冰. 青少年三人制篮球比赛负荷特征研究［J］. 沈阳体育学院学报，2016，6（35）：92-96.

2010 年青奥会	2012 年世锦赛	2013 年亚青会
新加坡 VS 以色列	委内瑞拉 VS 以色列	
南非 VS 美国	乌克兰 VS 以色列	
新西兰 VS 印度	塞尔维亚 VS 法国	
巴拿马 VS 新加坡		

通过德国 SIMI Scout 软件对第二届亚青会三人制篮球比赛乌兹别克斯坦 VS 土库曼斯坦男篮比赛中，4 名运动员整场比赛的跑动距离以及不同速度的跑动距离和跑动次数等进行测量，从而确定三人制篮球运动员竞赛过程中的跑动特征。另外，使用 polar 系列心率遥测仪对吉林东北虎青年男篮 4 名队员在三人制篮球教学比赛中的心率进行监测，从而初步估计三人制运动员竞赛过程中的心率特征。

第一节　三人制篮球时空特征

一、体育竞争中时间与空间的辩证关系

（一）时间与空间的共存性

时间与空间是世间万物所存在形式，体育竞赛过程中的时间和空间是联系紧密且不可分离的两种因素，其具体表现在以下方面：时间方面的优势通常与空间方面的优势是共生共存的关系，竞赛中某一方赢得时间方面的优势就意味着他可以获得比对手更多的支配球空间。空间方面获得的优势同样与时间方面的优势有关，两者共同构成了激烈的比赛。

（二）时间与空间的互换性

在体育竞赛过程中，特别是同场对抗性项目中，时间和空间的争夺发生在比赛场地的每个区域，而在这过程中经历三个不同阶段，分别是争取时空、控制时空和利用时空。在争取时空方面，空间是关键因素，主要体现在进攻一方努力创造与利用空间，防守者则努力压缩空间。整个时空阶段中最重要的阶段是控制时空阶段，这是某一方占据时空优势的核心，而在这一阶段时间则是关键因素。时间和空间是可以相互转化的，也就是说，时间可以转换为空间，空间也可以转换为时间。获得时间优势就意味着拥有空间优势，同样空间优势获得也意味着拥有时间优势。

（三）时间与空间的互补性

同场对抗项群的竞赛中，最为常见的一种情况是当一方获得球权后，在防守一方还没有形成完整的防守阵型前，球权方通过实用的个人技术和快速的配合以及快速进攻，也就是运用时间特征优势去弥补空间特征优势，利用时间来争取空间为本方进攻赢得优势。空间的缩小与时间增长和时间缩短与空间的增大是互相弥补的，这也就是时间与空间存在的互补性。[①]

（四）时间与空间的矛盾性

在同场对抗性项目中，除进攻和防守外，时间与空间也同样存在着矛盾性。进攻方追求的是直接有效的进攻方式，这也就意味着单次进攻时间缩短。但是，当防守方阻止这种快速直接的进攻方式时，进攻方则通过扩大空间去寻找最短的进攻时间。进攻方追求的总是大的运动空间和最短时间内的有效进攻，而防守方对于时空的追求却截然相反，追求的是缩小对手进攻空间和增加对手的进攻时间。

---

① 史洪源. 现代足球比赛时空特征下的训练方法理论研究［D］. 重庆：西南大学，2008.

二、三人制篮球竞赛的时间与空间概念

（一）绝对时间和相对时间

在任何一场篮球比赛中，竞赛规则都对竞赛过程设置一些时间上的规定，而这些规定是运动员在完成技战术的过程中必须遵守的，是无法变化与更改的硬性规定，我们把这些关于时间的规定称为绝对时间。绝对时间代表了三人制篮球竞赛时间的共性特征，它的特征和规格直接影响竞赛实践的表现特征。例如，三人制篮球竞赛的时间为 10 分钟，而这个时间为净时间，由记录台的计时员负责竞赛的计时。此外，还有单次进攻为 12 秒，限制区内进攻方不得停留超过 3 秒等。

相对时间是指在竞赛过程中受双方实践活动的制约，以至影响到各种活动的发生时间，即竞赛的实际耗时。例如，一场正式三人制篮球比赛的竞赛时间规定为净时 10 分钟，但实际竞赛过程耗时远超规定时间，而且竞赛的实际时间也随着竞赛双方的对抗激烈程度而增加；单次进攻时间规定为 12 秒，但实际竞赛过程中单次进攻通常在 12 秒内完成，时间短于规定时间。

（二）绝对空间和相对空间

绝对空间是指对于三人制篮球竞赛双方来说，竞赛空间是相同的，在一个五人制篮球的半场进行竞赛（通常长 14 米、宽 15 米），有着共同的限制区，以及 6.75 米的外线投篮区。相对空间是指在实际比赛过程中，竞赛双方在规定空间内争夺宽度、高度、纵深以及一些可利用的空间。在防守中对空间控制越大，则对进攻空间的控制就越小，而在进攻中对空间的控制大就会使防守方在防守中失去对防守空间的控制，因此相对空间是一种动态的平衡。

三、三人制篮球竞赛的时间特征

（一）三人制篮球竞赛的用时特征

国际篮联在 2012 年制定的三人制篮球竞赛规则中规定，一场三人制篮球比赛

为 10 分钟，在 10 分钟净时内得分多的一方获胜，同时为避免水平相差悬殊而出现垃圾时间，规定在净 10 分钟竞赛时间内，首先得到 21 分的一方获胜。三项赛事的竞赛用时均在 19 分钟以上，而一场五人制篮球比赛净竞赛时间规定为 40 分钟，而实际总耗时通常在 90 ~ 150 分钟，说明三人制篮球竞赛的负荷量远小于五人制篮球。

通过计算三人制篮球比赛总耗时，可以进一步计算三人制篮球的竞赛密度。

比赛是检验训练的一种途径，通过对竞赛密度的计算可以为教练安排训练强度和训练量提供可靠依据，运动员在竞赛中的密度与运动速度、运动距离和运动方式等数据相互参考，能够很好地反映运动员在比赛中所承受的运动负荷，为教练在制订训练计划时合理安排负荷提供有力依据。而对于竞赛密度的计算，主要是一些训练学著作中所提出的，密度是完成负荷的时间占一次训练课总时间的百分比。根据这一计算方法，三人制篮球竞赛密度是指三人制篮球比赛中，比赛净时间占比赛总耗时的百分比，它体现了在三人制篮球比赛的总时间里运动员的实际运动情况。如表 3 - 2 所示，青奥会、世锦赛、亚青会三人制篮球比赛中的平均比赛密度为 50.1%。

表 3 - 2　竞赛用时及密度统计表

三人制篮球比赛	净比赛时间	
	平均用时/分	密度/%
2010 年青奥会 9 场比赛	20.4	49.1
2012 年世锦赛 8 场比赛	19.4	51.5
2010 年亚青会 4 场比赛	19.7	50.7
平均	19.8	50.1

（二）三人制篮球单次进攻用时特征

在五人制篮球比赛中，由于规则规定单次进攻时间为 24 秒，那么在竞赛中单次进攻通常在 11 ~ 24 秒内完成。而三人制篮球竞赛中单次进攻时间短于五人制篮球，如表 3-3 所示，竞赛中单次进攻时间在 4~6 秒完成的次数和比例最高，说明竞赛中许多情况下进攻简单直接，或通过一对一单打或一个基础配合完成进攻，少有复杂配合。此外，在世锦赛和青奥会比赛中 1~3 秒和 10 秒以上完成进攻的次数和比例较低，说明在高水平比赛中盲目出手和仓促出手较少，一般可以从容完成进攻。

表 3-3　场均单次进攻用时统计表

单次进攻用时	2010 年青奥会		2012 年世锦赛		2013 年亚青会	
	场均/次	比率/%	场均/次	比率/%	场均/次	比率/%
1~3 秒	8.1	14.7	8.3	14.8	14	23.2
4~6 秒	21	38	18.5	33.3	27.8	46.1
7~9 秒	20.8	37.6	16.4	29.4	11.5	19.1
10 秒以上	5.4	9.8	12.5	22.3	7	11.6

（三）三人制竞赛节奏攻守转换特征

一次攻守转换是从某一方持有球权开始，一直到对方获得球权结束。攻守转换是竞赛的一个基本片段。在五人制篮球比赛中，攻守转换次数是研究一场比赛或一支球队进攻速度的重要指标，不同比赛或不同进攻速度的球队攻守转换次数不同。而在同场对抗项群中，攻守转换次数也是反映运动项目竞赛节奏的重要指标之一。在篮球运动中，进攻方失掉球权主要通过三种方式：投篮（投篮命中直接转换球权或投篮不中防守方抢得防守篮板）、失误和被犯规罚球。在篮板球中，抢到防守篮板转换球权而进攻篮板不转换球权，也就是如果双方进攻篮板较多时，攻守转换次数相应减少。而在影响竞赛攻守转换次数的这几项因素中，投篮次数对于攻守转换次数的影响最大。在五人制篮球比赛中，攻守转换次数非常频繁。例如，对第 29 届奥运会 6 场比赛的研究中表明，竞赛中每分钟发生 4~5 次攻守转换，每 10 秒左右发生 1 次攻守转换。而在三人制篮球比赛中，如表 3-4 所示，三项赛事攻守转换次数均在 50 次以上，也就是在净比赛时间为 10 分钟的比赛中，10

秒左右就进行 1 次攻守转换，主要是由于规则上对于单次进攻的时间限制。例如，在三人制篮球世锦赛中，单次进攻时间规定为 12 秒，那么攻守双方就要加快攻守节奏在规定时间内完成投篮。双方投篮次数的增加自然增加了攻守转换的次数。

表 3 - 4　场均攻守转换次数统计表

类别	2010 年青奥会	2012 年世锦赛	2013 年亚青会	场均
全场攻守转换次数/次	54.1	53.3	58.5	55.3
每分钟攻守转换次数/次	5.4	5.3	5.9	5.5
单次攻守转换时间/秒	11.1	11.3	10.2	10.7

（四）三人制篮球竞赛停顿特征

竞赛停顿也就是竞赛的暂停，属于竞赛时间的组成部分，深入研究比赛停顿时间的特性，对篮球的训练具有十分重要的意义，它可以帮助教练更为科学合理地制订训练内容，安排适合篮球运动项目特点的运动负荷。

在对五人制篮球竞赛停顿特征的研究中，对第 29 届奥运会男篮比赛中 32 场男篮比赛进行统计后得出结论，五人制篮球竞赛中平均每节停顿 19.1 次，全场平均停顿 76.4 次，每 25 ~ 38 秒停顿一次。① 而且其他研究也反映出底线和边线发球以及罚球是五人制篮球停顿的主要原因。在三人制篮球比赛中，如表 3 - 5 所示，三项赛事中竞赛停顿的次数场均分别为青奥会 31.5 次、世锦赛 23.6 次、亚青会 25.9 次。青奥会竞赛停顿次数最多的原因是身体对抗激烈以及防守队员经验不足，在防守时不能采取合理的防守动作或控制身体，使得犯规较多，罚球、中线或边线发球较多，因此竞赛中的停顿自然也最多；世锦赛作为最高水平赛事停顿次数最少，说明整个竞赛过程流畅。此外，世锦赛换人和暂停这两种比赛停顿方式也低于另外两项赛事，说明高水平运动员的自我调节和控制能力更强；在令比赛停顿的原因中，以中线或边线发球和罚球为主，所占比例之和超过 90%，而其他两种

① 柴立森. 篮球内线对抗技术与对抗能力研究 [J]. 南京体育学院学报，2011，2 (10)：53 - 55.

原因的占比较低，说明三人制篮球竞赛过程中由于竞赛时间较短，要求运动员能迅速进入最佳竞技状态，并在竞赛中根据自身技战术特点以及对手技战术特点迅速作出调整，争取在竞赛中占据优势。这与五人制篮球中对于场上情况的调整主要通过换人和暂停存在一定差别。

表3-5 竞赛停顿次数及原因统计表

比赛停顿原因	2010 年青奥会		2012 年世锦赛		2013 年亚青会	
	停顿/次	比率/%	停顿/次	比率/%	停顿/次	比率/%
罚球	11.9	37.8	6.3	26.7	7.5	29.0
中线或边线发球	17.3	54.9	15.3	64.8	16.1	62.2
换人	0.9	2.9	0.8	3.3	1	3.9
暂停	1.4	4.4	1.2	5.1	1.3	5.0
总数	31.5	100	23.6	100	25.9	100

四、三人制篮球竞赛的空间特征

（一）人均场地面积

因为攻守双方的争夺是在竞赛场地上进行的，因此竞赛场地面积是运动项目重要空间特征之一。人均场地面积是竞赛中平均每名运动员所占用的场地面积，人均场地面积的大小直接决定着该项目运动员的形态、机能、身体素质等体能特征，以及运动员在竞赛中各种技战术的运用。如表3-6所示，在列举的同场对抗项群中，三人制篮球人均场地面积最小，这也要求三人制篮球运动员要在更小的空间内完成各种技术、战术，这也决定了技战术在运用过程中的速率和转换更快。

表3-6　同场对抗项群人均场地面积统计表

项目	场地长度/米	场地宽度/米	场地面积/平方米	参赛总人数	人均场地面积/平方米
三人制篮球	14	15	210	6	35
五人制篮球	28	15	420	10	42
足球	105	68	7140	22	324.5
冰球	61	30	1830	12	152.5
曲棍球	91.4	55	5027	22	228.5

（二）跑动特征

同场对抗球类项目的竞赛特征决定了运动员的跑动能力是参赛的最根本能力。运动员竞赛时运用各种技术、战术对抗的核心是要反复进行各种跑动。竞赛中体能包含许多内容，跑动能力是体能重要的组成部分之一。[①] 在竞赛中，良好的跑动能力是运动员成功完成技术、战术任务的根本保证。目前，许多学者应用各种研究方法和手段对五人制篮球跑动特征进行了深入的研究，这些研究为三人制篮球跑动特征的研究奠定了良好的理论和实践基础。

最早运用高科技手段定量地研究篮球项目球员在竞赛中移动特征的是 McInnes S. E.（麦金尼斯）等人。他们以澳大利亚职业篮球联盟（NBL）的球员为研究对象，运用 Time Motion Analysis 解析比赛录像的方法，探讨了高水平篮球竞赛中优秀球员的移动负荷特征。研究显示，所有球员全场的移动变换频次为 997 次左右，其中，高强度移动的次数为 105 次左右（平均持续 1.7 秒，占所有比赛时间的 15%，每 2.0 秒间隔就改变一种移动强度或方向。60% 的有效竞赛时间内从事低强度的活动）。[②]

---

① 韩玉. 同场对抗集体球类项目跑动能力相关研究 [J]. 运动, 2012 (34)：27-29.

② McInnes S. E, et al. The physiological load imposed on basketball players during competition [J]. Journal of Sports Sciences, 1995 (13)：387-397.

学者池建在《现代竞技篮球比赛负荷研究》[1] 一文中，使用德国 SIMI 公司技术、战术分析系统 SIMI Scout 对竞赛过程中运动员的跑动特征进行研究。研究结果表明，世界高水平的篮球竞赛时间一般都在 100 分钟左右，单节竞赛时间一般持续 22 分钟，在竞赛过程中每 30 秒左右会出现 4~60 秒之间的竞赛中断，竞赛中断时间超过比赛净时间，呈现出间歇性特征。在不同位置运动员跑动特征方面，后卫打满全场要跑动 6400 米左右，中锋打满全场的要跑动 5000 米左右，大前锋打满全场跑动 6000 米左右。在不同跑动速度的比例方面，最高速度的 20%~50% 的较低跑动速度是篮球运动中最主要的运动方式，而高速跑动所占的比例虽然较低，却是竞赛过程中最重要的跑动方式。后卫队员最高跑动速度达 8 米/秒，中锋最高跑动速度达 7.3 米/秒，前锋最高跑动速度达 7.6 米/秒。

米靖、苗向军等在《我国高水平篮球比赛负荷特征研究》中同样运用德国 SIMI 公司技术、战术专门分析系统 SIMI Scout，以及运用芬兰产 PolarS810i 心率表，对 2005—2006 赛季 CBA 总决赛进行研究。研究表明，CBA 联赛的运动员在整场比赛中的跑动距离为 3700~5500 米，单位时间的跑动距离是 117~135 米，不同位置的运动员在跑动特征方面存在显著性差异：外线运动员的跑动距离明显多于内线运动员；从跑动路线来分析运动员跑动范围，内线运动员移动范围要小于外线运动员。[2]

刘军等在《篮球比赛负荷特征的研究成果对体能训练的启示》中通过 Time Motion Analysis 软件对跑动进行研究，其研究主要集中在竞赛中起关键作用的高强度跑动方式。研究结果显示，在竞赛过程中，运动员平均每 21 秒有一次高强度的跑动出现。在短距离冲刺方面，运动员在竞赛中单次冲刺的平均距离约为 16.8 米，而单次持续时间在 2 秒左右。在高强度的跑动方面，单次的平均距离约为 4.3 米，单次时间也在 2 秒左右。[3]

① 池建，苗向军，米靖，等. 现代竞技篮球比赛负荷研究 [J]. 北京体育大学学报，2007（2）：145 - 148.

② 米靖，苗向军，张勇，等. 我国高水平篮球比赛负荷特征研究 [J]. 北京体育大学学报，2008（3）：404 - 407.

③ 刘军，程丽平，徐建华. 篮球比赛负荷特征的研究成果对体能训练的启示 [J]. 体育学刊，2012，19（5）：108 - 110.

苑廷等人刚在《CBA 优秀运动员比赛跑动特征的初步研究》中应用 SIMI Scout 软件系统对 12 名优秀的 CBA 运动员在竞赛中的跑动特征进行研究。研究结果显示：第一，CBA 运动员平均每节跑动距离是 1432.25 米，前锋和后卫跑动最多，分别为 1477.93 米和 1462.39 米，中锋为 1356.42 米。整场比赛平均跑动距离是 5700 米左右，前锋最多为 5900 米左右，后卫为 5800 米左右，中锋最少为 5400 米左右。第二，前锋队员进攻时的活动范围大于防守时，进攻时在前场全范围内运动，而防守时的运动范围好似椭圆形；中锋攻防时的跑动范围似哑铃形，运动范围基本相似，而推进时的路线基本沿着中线；后卫在进攻和防守时的运动范围基本相似，攻防时都在三分线外活动，推进时的活动范围覆盖整个球场宽度。第三，运动员的走动占总跑动距离的比例最大，占 64.7%；其次是 3 ~ 5 米/秒的慢跑，占总跑动的 26.3%；最后是快速跑，占 8.8%；冲刺跑只占到总跑动距离的 0.3%。[1]

程冬美在《我国男子篮球比赛跑动的负荷特征研究》中同样采用德国 SIMI Scout 软件系统，对运动员的跑动能力、跑动区域、跑动速度等进行测量。结论表明：篮球竞赛是混合供能为主，中低等强度的有氧供能占 75% 左右，高强度及冲刺跑不到 10%。进攻时，前锋运动员的活动范围通常在整个前场范围内；中锋运动员通常在三分线以内、3 秒区弧顶和篮下范围内活动；后卫运动员通常在接近三分线以外范围活动。[2]

1. 现场比赛录像的采集

根据 SIMI Scout 技术、战术分析软件的一系列拍摄要求，以及在比赛过程中一系列的限制性条件，在拍摄过程中，保持镜头的位置不动，将摄影机放置在三人制篮球比赛场地的中间位置，将场地的边线和底线拍摄至画面中。同时，为防止其他观众干扰正常拍摄，通常将摄影机放置在观众席的最后一排，拍摄时距离场地水平距离约 30 米，与场地的角度约为 45°。这符合 SIMI Scout 软件对于画面俯视拍摄的要求，而且在赛前就将场地的边界录制清晰，以便进行二维的位置标定。

① 苑廷刚，洪平，胡水清，等. CBA 优秀运动员比赛跑动特征的初步研究［J］. 中国体育科技，2007 (4)：84-89.

② 程冬美. 我国男子篮球比赛跑动的负荷特征研究［J］. 中国学校体育，2012，6 (1)：64-70.

2. 跑动能力解析时的场地标定及解析原理

根据 SIMI Scout 技术、战术分析软件的要求，要得到运动员在竞赛中总跑动距离、各速度段的跑动距离以及跑动次数，就需要知道运动员竞赛过程的某一时刻在篮球场地的具体位置点，通过对运动员比赛中位置投影点的计算，可以获得该名运动员不同时刻的位置变化、速度变化和距离变化情况。但是，首先需要做的工作是二维标定三人制篮球场地的录像图形，将三人制篮球场地的底线和边线作为横轴和纵轴，形成坐标系 (0, 0), (0, 11), (0, 15), (11, 15), 这样对整个场地坐标点的标定就符合此软件系统的要求。对运动员跑动时位置的标定，使用的方法是通过运动员身体重心在场地上的投影位置，在双足间点击确定投影点，这个点就是运动员此时此刻的坐标位置。连续点击不同时刻的坐标点，就可得出相应的参数。所得到运动员跑动特征的数据可以通过相应的统计软件进行下一步处理。

3. 跑动距离

三人制篮球竞赛是运动员在三人制篮球场地上运用各种技术、战术进行攻防的同场对抗项群。在竞赛过程中，运动员需要通过各种不同方式的移动来调整自己的位置获得有利机会。因此，在三人制篮球竞赛活动中，移动能力是运动员最为重要的竞技能力之一，其直接影响着运动员的表现，甚至对比赛的结果也会产生重要影响。

通过 SIMI Scout 软件对比赛的解析，四名运动员整场比赛的跑动距离分别是 1556 米、1825 米、1440 米和 1523 米，而学者米靖在对 CBA 联赛运动员跑动距离的研究中发现，五人制篮球运动员的跑动总距离为 3700～5500 米，说明三人制篮球竞赛中的运动量小于五人制篮球。[①] 在竞赛中，两名外线运动员的移动距离比内线运动员多，这主要由不同位置运动员技战术特征、身体机能和素质以及球队的战术安排决定。

---

① 米靖，苗向军，张勇，等. 我国高水平篮球比赛负荷特征研究 [J]. 北京体育大学学报，2008 (3)：404－407.

4. 移动路线和活动范围

在运动员的移动路线和活动范围方面,许多学者对同场对抗项群运动员的移动路线和活动范围进行了研究,通过了解运动员竞赛时的运动区域特征,继而推断出该队员进攻时的技术特点,而这种区域性特征一旦被防守队员掌握,那么就会进行有针对性的防守,甚至对重点队员在重点区域进行夹击和协防。虽然这种对于移动路线和活动范围的研究,由于运动员技术特征、身体状态以及对手特点存在一定差别,但是,不可否认的是,由于竞赛场上的所有运动员均在同一规则下进行竞赛,运动员在攻防过程中各种技术、战术的运用以及移动路线和活动范围存在共性,而这种共性也正是运动员在竞赛过程中的技术、战术和跑动特征。如图 3-1~图 3-4 所示,四名运动员的移动范围遍布整个三分线附近的广大区域,说明三人制篮球运动员由于位置模糊,需要完成任务较多,移动范围较大,而中线附近区域是运动员极少活动的区域,说明在攻防时由于人数较少,防守时协防、补防难度较大。因此,防守时较少选择扩大人盯人防守,仅围绕三分线附近进行攻防。但不同位置的运动员在移动路线和活动范围方面也存在区别,外线运动员主要在高位的罚球线和三分线附近活动,而在篮下限制区和底线区域的活动较少。与之相对应的是,内线队员主要在三分线内接近限制区以及限制区以内的区域活动,而在三分线外的活动相对较少,这一方面与五人制篮球较为相似。

图 3-1 外线队员 1 跑动范围

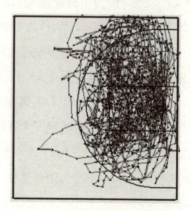

图 3-2 外线队员 2 跑动范围

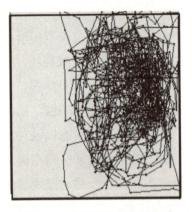

图3-3　内线队员1跑动范围

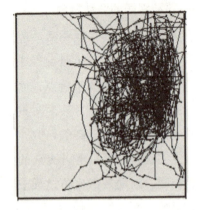

图3-4　内线队员2跑动范围

5. 跑动速度

除了运动员全场跑动距离外，运动员在竞赛过程中不同速度段的跑动速度也可以反映运动强度和跑动能力，是跑动特征的另一项重要指标。早在 20 世纪 80 年代，国内外许多学者已对同场对抗项群跑动速度进行了研究，根据不同项目的特点将运动员的跑动速度分成了不同速度段。例如，袁凌燕在对曲棍球跑动速度的研究中，将速度划分为 6 个等级，$V \geqslant 6$ 米/秒为全力冲刺，5 米/秒 $\leqslant V < 6$ 米/秒为快速跑动，4 米/秒 $\leqslant V < 5$ 米/秒为中高速跑动，3 米/秒 $\leqslant V < 4$ 米/秒为中低速跑动，2 米/秒 $\leqslant V < 3$ 米/秒为慢跑，$V < 2$ 米/秒为走动或休息；[1] 许多学者在对足球竞赛中运动员的跑动速度研究中，将足球竞赛中运动员的跑动速度分为 4 个不同等级，即极限速度为 $V \geqslant 8$ 米/秒，亚极限速度为 $V \geqslant 6$ 米/秒，中等速度为 $V \geqslant 4$ 米/秒，中小速度的跑动主要是 $V \geqslant 3$ 米/秒和 $V \geqslant 2$ 米/秒的慢跑。[2] 而本文根据五人制篮球关于运动员跑动速度的研究成果，并借鉴与移植到三人制篮球的研究当中，将三人制篮球运动员场上的跑动速度划分为 5 个等级，$V \geqslant 7$ 米/秒为极限速度，5 米/秒 $\leqslant V < 7$ 米/秒为次极限速度，3 米/秒 $\leqslant V < 5$ 米/秒为中等速度，1 米/秒 $\leqslant V < 3$ 米/秒为慢速，$V < 1$ 米/秒为走

---

① 袁凌燕，闫琪. 国家女子曲棍球队比赛负荷研究 ［J］. 中国体育科技，2012，48（2）：45-49.

② 秋鸣，刘丹. 中国国家队男子足球运动员比赛中体能特征研究 ［J］. 天津体育学院学报，2009，24（2）：125-127，146.

动或休息。

（1）极限速度

由于三人制篮球场地以及运动员身体素质的限制，7 米/秒的速度对于三人制篮球运动员来说就是极限速度了。如表 3 - 7、表 3 - 8 所示，这种速度在竞赛过程中出现的次数与跑动的距离都是最少的。在这种速度下完成的动作都十分具有攻击性，虽然次数较少，但对比赛胜负会产生重要影响。例如，在竞赛过程中的各种短促、急速的冲刺运动。

（2）次极限速度

如表 3 - 7、表 3 - 8 所示，次极限速度的跑动次数和跑动距离虽然高于极限速度，但其所占比例仍然很低，而这个速度的移动却往往能够直接影响到竞赛结果。在激烈的竞赛中，运动员完成各种快速的运球、突破、投篮、传球等直接关系胜负的技术动作时，需要运动员利用速度的优势来控制和赢得比赛。此时，次极限速度下完成动作的能力就显得尤为重要。

（3）中等速度

如表 3 - 7、表 3 - 8 所示，虽然运动员中等速度的跑动距离不超过全场跑动总距离的 20%，但运动员在这一个速度段的运动也是非常重要的。这主要是运动员的攻守转换以及部分配合都是以这种跑动方式出现的，那么教练在训练中更要突出这种速度跑动的重要性并予以重视。

（4）慢速、走动和休息

如表 3 - 7、表 3 - 8 所示，这两个速度的跑动次数和跑动距离在所有速度中是最高的，特别是 1 米/秒 ≤ V < 3 米/秒慢速跑动所占比例均在 45% 以上，此速度的运动是在运动员进行观察、适当调整位置等情况时。此时，虽然对竞赛过程的直接得分影响较小，但对于运动员的体能恢复和调整状态等具有一定意义。

表3-7　不同速度段跑动距离统计表

速度	外线队员1		外线队员2		内线队员1		内线队员2	
/ (米/秒)	距离/米	比率/%	距离/米	比率/%	距离/米	比率/%	距离/米	比率/%
$V < 1$	359	23.07	377	20.66	369	25.63	380	24.95
$1 \leq V < 3$	770	49.49	868	47.56	745	51.74	864	56.73
$3 \leq V < 5$	309	19.86	347	19.01	233	16.18	250	16.42
$5 \leq V < 7$	74	4.75	160	8.77	63	4.37	13	0.85
$V \geq 7$	44	2.83	73	4.00	30	2.08	16	1.05
总数	1556	100	1825	100	1440	100	1523	100

表3-8　不同速度段跑动次数统计表

速度	外线队员1		外线队员2		内线队员1		内线队员2	
/ (米/秒)	次数	比率/%	次数	比率/%	次数	比率/%	次数	比率/%
$V < 1$	371	26.5	338	24.7	357	28.9	393	28.7
$1 \leq V < 3$	724	51.6	687	50.3	636	51.5	740	54.1
$3 \leq V < 5$	228	16.3	228	16.7	176	14.3	187	13.7
$5 \leq V < 7$	55	3.9	79	5.8	45	3.6	34	2.5
$V \geq 7$	24	1.7	35	2.6	20	1.6	11	0.8
总数	1402	100	1367	100	1234	100	1367	100

　　在与五人制篮球跑动特征的对比方面，学者米靖等在对 CBA 联赛运动员不同跑动速度段的跑动距离和次数的研究中发现，[1] 在 1 米/秒≤V<3 米/秒跑动距离和跑动次数最多，V≥7 米/秒跑动距离和跑动次数最少，这与本研究完全相同，但在各速度段的跑动距离和次数方面，三人制篮球均少于五人制篮球。

　　① 米靖，苗向军，张勇，等．我国高水平篮球比赛负荷特征研究［J］．北京体育大学学报，2008（3）：404-407.

第二节 三人制篮球竞赛的心率特征

一、心率与运动负荷关系的相关研究

由于规则的要求，三人制篮球单次进攻时间较短，攻守转换的速度极快，而且在比赛中当进攻方投篮命中后，防守方在篮下得球后直接变为进攻方，将球传出三分线外后就可发动进攻，不必在底线或边线发球，只有在一方违例或犯规等情况下比赛才会中断。因此，三人制篮球运动员始终在高速度、快节奏中持续地完成各种技术动作。

大量学者研究证实，运动负荷与心率有着高度的相关性。1982 年，Conconi 等学者首次证实了通过心率曲线间接测定无氧阈，从而间接论证了心率与外部负荷的线性关系。[①] 1992 年，H. Tanaka 等人的研究结果进一步表明，心率与外部负荷间的线性关系在不同的运动形式下表现不同。[②]

在篮球运动通过心率进行运动负荷的研究中，Dionne Matthew 等以女子篮球运动员为受试对象，研究了她们在竞赛中的心率特征。结果显示，在整个竞赛时间内，平均心率约为 165 次/分（最大心率的 89.1%）；在有效竞赛时间内，平均心率约为 170 次/分（最大心率的 92.5%）。

Rodriguez - Alonso 等以西班牙国家女子篮球选手（后卫、前锋、中锋三位置）为实验对象，研究了她们 10 场比赛的心率特征。结果显示，三个位置球员的心率特征具有显著差异。后卫约 185 次/分，前锋约 175 次/分，中锋约 167 次/分，三

① B. Conconi, C. Zieres. S. Lieblangoo Alff, et al. Blood lactate and heart rate patterns in Endurance runs of Leisure – time Athletes ［J］. Int. J. Sprots med. 1993（14）：176.

② H. Tanaka, S. Fukumoto et al, Distinctive effects of three different modes of exercise on oxygen uptake, heast rate, blood lactate and pyrurate ［J］. Int. J. Sports med. 1991（12）：433.

个位置相比较，后卫的负荷强度最大。①

叶庆辉、钟添发、王守恒在《运用录像叠加动态心率技术对男篮运动强度的研究》中，通过录像叠加心率遥测技术对广东队的 12 名运动员进行研究。研究发现，篮球竞赛过程主要的供能形式是无氧供能与有氧供能相结合的一种混合供能形式，无氧供能比例较大，大强度运动占 45.02%，而有氧供能水平也达到了较高的水平，这对篮球运动员的有氧和无氧能力都提出了相对高的要求。在心率方面，由于心率 180 次/分的出现频率增加，且持续的时间较长，这就对无氧供能提出更高要求。另外，156 次/分以上的心率增多，这对无氧耐力水平提出了较高要求。②

这些研究为我们进行进一步研究提供了参考。因此，心率指标也常作为教练调控训练和比赛强度的重要指标。我国学者在五人制篮球运动员心率与运动强度的关系方面进行了大量研究。但由于篮球规则对竞赛运动员的限制，在正式比赛中通过心率表对竞赛中的运动员心率进行检测的难度较大。而在教学比赛条件下对运动员竞赛时心率进行监控不能非常准确地评价运动员对比赛负荷的适应及反应，只能作为正式比赛的补充和替代，从而间接评价比赛中的运动负荷。

二、三人制篮球竞赛中的心率及变化

本研究采用芬兰生产的 Polar Pro Trainer 心率表作为研究设备。而在研究对象方面，由于自 2010 年新加坡青奥会至今，我国参加洲际的三人制篮球赛事的国家队均由各省青年队队员组队且对规则进行简单适应后参赛。因此，本研究对吉林省东北虎青年队 4 名队员在队内三人制篮球教学比赛中的心率变化进行了测试。测试时比赛的规则采用国际篮联 2012 年制定的最新《三人制篮球竞赛规则》，比赛时间为净 10 分钟，场地为半块标准篮球场地，且让相关测试人员在进行正式测试之前进行一周的规则适应。教学比赛过程中运动员的心率如表 3 - 9 所示。

① Rodriguez - Alonso, M., Fernandez - Garcia, B, Perez - Landaluce, J, & Terrados, N. Blood lactate and heart rate during national and international women's basketball [J]. Journal of Sports Medicine and Physical Fitness, 2003 (43): 432 - 436.

② 叶庆辉，钟添发，王守恒. 运用录像叠加动态心率技术对男篮运动强度的研究 [J]. 广州体育学院学报，1994 (2): 61 - 66.

表 3-9　实验中运动员在竞赛中心率统计表

队员	最高心率/（次/分）	平均心率/（次/分）	平均最高心率/%
运动员 1	184	163	88.6
运动员 2	190	179	94.2
运动员 3	186	174	93.5
运动员 4	173	153	88.4
平均	183	167	91.3

　　许多研究表明，五人制篮球竞赛过程中运动员的最高心率通常在 190 次/分以上，甚至在青年队比赛中达到 200 次/分以上。本研究测量的 4 名运动员在三人制篮球比赛中最高心率的最大值是 190 次/分，数值最小仅为 173 次/分，而最高心率平均值为 183 次/分。测试结果表明在三人制篮球竞赛中最大心率值要普遍低于五人制篮球竞赛过程中的最大心率值，这主要是因为在三人制篮球竞赛中，较少出现像五人制篮球比赛过程中高强度、长距离的运动方式，例如快攻、防守快攻。因此，三人制篮球比赛中的最高心率较难达到特别高的水平。

　　据有关研究结果显示，在平均心率方面，一场比较激烈的五人制篮球比赛，运动员的心率在 170 次/分左右，本研究中三人制篮球竞赛过程中的平均心率较为接近这一标准。此外，平均心率值是最高心率值的 90% 以上，说明三人制篮球最大强度虽然低于传统五人制篮球，但三人制篮球在竞赛中仍在较高的运动负荷下进行。此外，如图 3-5～图 3-8 所示，4 名运动员的心率曲线比赛开始后就达到较高水平，且心率的波动较小，说明三人制篮球竞赛中断较少，中断次数最多的是中线、边线发球或罚球中断。相对于五人制篮球三分线内犯规罚篮 2 次，三人制篮球仅罚球 1 次，中断时间较短，运动员的心率还没有明显下降时，就进入到接下来激烈的攻防争夺了。

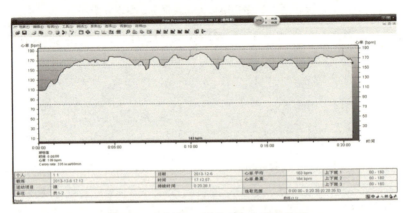

图3-5　运动员1教学比赛心率变化图

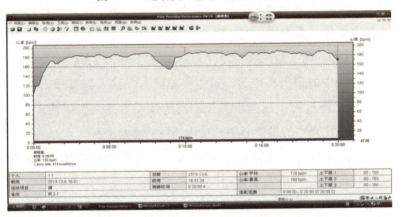

图3-6　运动员2教学比赛心率变化图

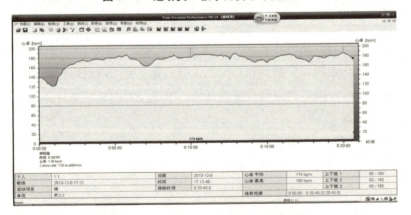

图3-7　运动员3教学比赛心率变化图

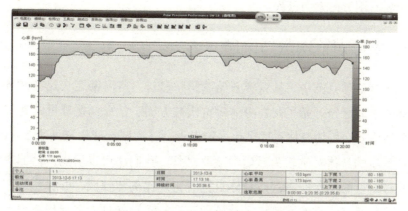

图3-8 运动员4教学比赛心率变化图

第三节 三人制篮球身体对抗特征

一、身体对抗与运动负荷

篮球运动虽然在理论上是一项"不允许身体接触的运动"，但同场对抗的特征决定了竞赛中身体接触是不可避免的。而随着现代篮球运动的发展，身体的对抗能力及竞赛中身体对抗程度已经成为评价运动员竞技能力和竞赛中运动员负荷强度的重要指标之一。在评价运动员的竞技能力方面，现代篮球攻防技术的运用都是在与对方运动员激烈的身体对抗下完成的，如不具备一定的身体对抗能力，势必在比赛中处于被动，而技术、战术的应用也会受制于对手。在评价负荷方面，运动员在比赛中身体对抗的次数越多、对抗的强度越大，说明其负荷也就越大。在许多研究中，将身体对抗与身体接触混淆或相互替代是不准确的，笔者认为，身体对抗非身体接触，身体接触包括身体对抗，本研究在界定身体对抗方面，包括两个方面：一是身体对抗要有比较明显且主动的身体接触过程；二是身体对抗时运动员要有明显的发力过程。

二、身体对抗次数与区域

在三人制篮球竞赛中，从竞赛开始的第一秒钟，有时甚至在比赛时钟未开启时，身体对抗就已经开始了。在身体对抗次数方面，三人制篮球世锦赛和青奥会作为世界级大赛，场均身体对抗次数多于亚青会三人制篮球比赛（表3-10），说明这两项赛事的身体对抗较为激烈。除此之外，我们还可以发现，世锦赛的竞赛中合理身体对抗的比例较高，而身体对抗时犯规比例却较低，可解释为三人制篮球世锦赛作为最高水平的赛事，运动员的防守技术较好且防守意识较强，在防守时能够更好地控制自己的身体，既保证不失去防守位置，又尽量减少身体对抗时犯规。从另一方面讲，在三人制篮球竞赛中突破上篮和篮下强攻是最为重要的得分手段，而世锦赛和亚青会比赛中投中加罚的分值比例高于青奥会。因此，在这两项比赛中运动员在进行身体对抗时也较注意对身体的控制，避免给对手以加罚的机会。

在身体对抗的区域方面，五人制篮球竞赛中，许多学者将场地划分为若干区域对身体对抗特征进行研究。例如，有的学者将五人制篮球场地划分为4个区域：1区为限制区，2区为限制区外三分线内区域，3区为三分线至中线区域，4区为后场区。统计结果表明，身体对抗最强烈的、次数最多的是1区，然后依次是2、3、4区。同样，本研究将整个三人制篮球场地划分为3个区域，其中1区为限制区，3区为三分线外的广大区域，而2区为剩余的中间区域。① 如表3-10所示，在三人制篮球比赛中限制区内的身体对抗次数最多，而三分线外的身体对抗次数最少。这与五人制篮球身体对抗区域规律较相似，离篮筐越近的区域，身体对抗就越激烈，特别是在限制区内范围小、人员密集、距离近、彼此紧贴，这一区域的对抗主要是运动员的挤抗投篮、突破上篮和争抢篮板球时的身体对抗。2区的身体对抗主要是运动员在突破过程中与防守队员滑步时的身体对抗。此外，内线队员背向

---

① 欧岳山，等. 当代竞技篮球比赛身体对抗特征——兼论我国男子篮球队身体对抗差异及成因［J］. 中国体育科技，2010，46（3）：36-37.

要球时的身体对抗也是该区域对抗的主要形式之一。3 区的身体对抗次数最少，说明三人制篮球竞赛过程中较少出现对三分线以外的持球队员进行贴身防守，主要原因是场上比赛人数较少，一旦贴身防守被超越，协防和补防困难。

表3－10　身体对抗次数与区域统计表

身体对抗 次数与区域	2010 年青奥会		2012 年世锦赛		2013 年亚青会	
	场均/次	比率/%	场均/次	比率/%	场均/次	比率/%
身体对抗次数	42.2	100	40	100	32.3	100
合理身体对抗	31	73.5	35.4	88.5	29	89.8
身体对抗犯规	11.2	26.5	4.6	11.5	3.3	10.2
1 区	35.5	84.1	30.6	76.5	28	86.7
2 区	4.3	10.2	7.8	19.5	3	9.3
3 区	2.4	5.7	2.6	6.5	1.3	4

三、身体对抗方式

在竞赛过程中，身体对抗的方式具有多样性，而通过有无球将身体对抗方式分为两大类，分别是有球人与无球人对抗和无球人之间的对抗。一场篮球比赛，运动员大多数是在无球的情况下完成各种技术的，因此，无球队员之间的身体对抗是大量的，而且是激烈的。运动员在无球身体对抗中的优势可以使其在场上占据更为有利的位置，而这种优势就意味着在比赛中得分或阻止对手得分。另外，有球队员与无球队员的身体对抗是对抗的核心，有球对抗相对无球对抗更为直接、更为激烈，这是因为篮球比赛中，双方争夺的焦点就是对于球权的争夺与控制，哪一方更多地争夺到球和控制好球，就可以争取到场上的主动。而在现代篮球比赛中，对有球队员的防守原则是紧逼，防守时通常采用平步防守，在没有多余附加动作的情况下，可以紧贴进攻球员，这就增加了有球队员和无球队员之间身体对抗的激烈程度，也意味着持球队员在进行投篮、运球、突破时大多是在身体接触、身体对抗中完成的。在五人制篮球比赛中，有学者对身体对抗方式进行研究，研究结果表明，五人制篮球竞赛中，无球队员间身体对抗为主要身体对抗方式。[①]
在三人制篮球比赛中，如表3-11所示，有球人与无球人身体对抗的次数和比例均
高于无球人之间的身体对抗，这与五人制篮球中无球人之间身体对抗次数和比例
较高相反。其主要原因是，三人制篮球比赛中，进攻时以一对一单打为主，相互
之间配合较少，特别是无球人之间掩护较少，相应的身体接触较少。此外，在三
人制篮球比赛中无球人的人数比五人制篮球无球人数少一半，而且在半场攻防时
人均所在场均面积增大，这也减少了无球队员之间接触的机会。

在篮球运动中，对身体对抗时身体接触的状态进行分类，可以分为站立身体
对抗、移动身体对抗和腾空身体对抗。站立身体对抗主要是运动员在篮下附近位
置抢位时对抗；移动身体对抗主要是运动员进行突破过程中的对抗；腾空身体对
抗是在运动员突破上篮时防守队员进行封盖和篮下进行挤抗投篮时的对抗。许多
对五人制篮球的研究结果显示，移动身体对抗和站立身体对抗为主要身体对抗方
式。[②] 同样，在三项三人制篮球赛事中，站立身体对抗和移动身体对抗的次数和比
例较高，而腾空身体对抗的次数和比例较低。其主要原因是，运动员在防守对手
突破上篮和挤抗投篮时，无论是个人防守还是补防都十分注意身体接触，特别是
在失去有利位置时，对身体对抗的控制可以减少对手打成加罚。

表3-11　身体对抗方式统计表

身体对抗方式	2010年青奥会		2012年世锦赛		2013年亚青会	
	场均/次	比率/%	场均/次	比率/%	场均/次	比率/%
有球人与无球人身体对抗	22.2	52.6	22	55	17.7	54.8
无球人间身体对抗	20	47.4	18	45	14.6	45.2
站立身体对抗	18.3	43.4	17	42.4	14.3	44.3
移动身体对抗	13.2	31.3	16.6	41.5	14	43.3
腾空身体对抗	10.7	25.4	6.4	16	4	12.4

① 张培峰. 对现代篮球运动对抗特点和表现形式的探讨 [J]. 成都体育学院学报, 2001, 4 (27): 67-68.
② 李实. 第28届奥运会中国男篮与世界强队的身体对抗分析 [J]. 体育学刊, 2005, 4 (12): 105-106.

第四章

三人制篮球技术特征

在同场对抗项群的运动项目中，技术能力是竞技能力结构中的主导因素。在该项群中，技术是整个运动中运动员完成特定动作的方法。运动员在比赛中需要不停地适时作出调整，其中包括与球、与队友、与对手以及与竞赛场地之间的关系，而从技术的动作结构来看，属于多元变异组合结构。随着该项群的发展，技术动作结构的变化很小，但随着对抗强度的增加，技术方面也增添了许多新的内容，表现出新的特征。

第一，全面与特长兼顾。技术全面是指该项群运动员需要熟练地掌握和运用各种运动技术，并在激烈的争夺中表现出高超的技巧。此外，特长是建立在全面的基础上的，现代高水平运动员首先是某个区域和位置的专家，能熟练地应用本区域和位置的技术和个人绝招；此外，他还能完成其他区域和位置的职责，技术上做到既全面又特长。

第二，技术建立在速度的基础上。现代运动员技术如不能与速度完美结合，就会失去其效能，也就无法在现代竞技场上生存。现代比赛中各类技术动作的完成速率明显加快且动作幅度减小。

第三，技术熟练且技巧性高。高水平运动员在激烈的比赛中，在完成各种技术动作时表现出很高的熟练性、技巧性和稳定性。在相互配合方面，同伴之间表现出较好的默契，无论是反击时的长传球还是常用的短传配合，优秀的运动员都能及时准确地将球传到需要的位置。

第四，技术表现出准确性和实用性高度结合。运动员在比赛中完成各类技术动作的准确性越来越高，但随着准确性的提高，技术的运用却越发简单实用。现代的球类项目华而不实的、带有表演性质的技术已经不再适用，取而代之的是朴实、简单、实用和有效的技术。[①]

---

①　田麦久. 项群训练理论［M］. 北京：人民体育出版社，1998.

第一节　三人制篮球技术的内涵及分类

一、三人制篮球技术的内涵

无论是三人制篮球还是五人制篮球，技术都是进行篮球比赛的手段，双方运动员都是以技术动作进行对抗，同时运动员的智慧、战术、运动素质、心理品质等都可以通过技术直接表现出来。

篮球技术的含义通常从动作方法和实际运用两个方面进行解释。从动作方法解释，篮球技术是比赛中在进攻和防守时所采用的专门性的动作方法的总称，包括控制和支配球动作、移动动作和争夺球动作以及通过这些动作的各种组合所组成的动作体系。但从技术的动作方法角度去理解运动技术，它又是一种理想化的动作模式，既要符合人体运动科学的原理，又要适合攻守对抗时的需要，更要符合竞赛规则的需求，并具备运动员的个人特点，表现出动作方法的专门性和合理性。[①]

从以上观点看三人制篮球与五人制篮球属于同类概念，与其相关技术的定义、技术的分类以及动作结构的特征无本质区别，但是在实际运用过程来看，它们的表现形式存在一定区别。

对三人制篮球技术的理解，既要从技术动作的方面理解，又要从技术能力也就是技术的实际运用方面考虑，由同场对抗项群比赛过程的对抗性、复杂性和不可复制性决定。因此，三人制篮球技术是根据三人制篮球竞赛规则，在训练中掌握以及在比赛中应用的技术动作的总和。

---

① 孙民治. 篮球运动高级教程［M］. 北京：人民体育出版社，2000.

二、三人制篮球技术的分类

篮球运动对技术的分类目前主要以攻守的对立统一和技术动作任务为依据，且分类是用科学的方法区别篮球运动的内容和把握认识这些内容的一种思维方法。五人制篮球技术动作分为进攻和防守两类，进攻技术和防守技术又各自包括作用相同和动作结构类似的若干动作，三人制篮球技术的分类基本上按此体系进行分类。

三人制篮球作为五人制篮球的衍生项目，既有着共同特征，也有场地、时间等规则方面的差异带来的区别。但这种区别不是技术结构的改变，而是反映在运动员比赛中的技术运用上。由于比赛条件的改变，运动员会在比赛中对各种技术的构成要素和不同技术之间的组合做适应性改变。

如图 4-1 所示，三人制篮球的技术分类体系仍是以攻守对立统一规律、技术动作的任务和人体运动科学原理为依据对篮球技术进行分类的。其先将各类技术划分为进攻技术和防守技术两大类，再进一步通过动作结构进行分类。

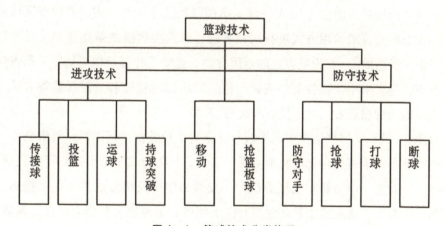

图 4-1 篮球技术分类体系

三、篮球技术研究与指标选择

在项群理论的分类中，若以竞技能力主导因素进行分类，则篮球项目属于技能主导类同场对抗项群。因此，技术特征是篮球项目特征中最为重要的一项特征，篮球运动特征的体现建立在技术特征的基础上。例如，运动员体能的发挥蕴含在技能的完成过程中，而战术的完成又靠技术来实现。因此，在对篮球运动项目特征的研究中，会将对技术特征的研究作为研究的重点，而对于技术特征的研究主要通过技术指标来实现，这些指标包括进攻和防守的若干技术指标，对单个指标的研究包括应用次数、成功率、对抗性、区域特征等。

王占坤在《CBA 篮球运动员位置技术特征及指标体系研究》一文中认为，技术特征主要体现在运动员在竞赛中的指标上。后卫技术特征指标包括 7 个方面，由主到次依次为进攻、得分、漏失防、吸引防守、助攻、威胁传球、篮板球。中锋运动员的技术特征指标包括 9 个方面，从主到次依次为补协、摆脱、漏失防、干扰投篮、篮板球、对方得分、抢位、犯规、威胁区域接球；前锋技术特征指标包括 6 个方面，从主到次依次为得分、摆脱、进攻、漏失防、威胁区域接球、对方得分。[①]

谢庆芝在《论 NBA 投篮技术特征及其对我国篮球技术发展的影响》一文中，通过录像分析法对美国优秀 NBA 前锋队员的投篮技术运用方式以及投篮区域进行研究。在对投篮技术运用方式进行研究发现，绝大多数投篮是在强对抗以及严密防守下出手投篮的[②]。在投篮方法的运用方面，运动员在强身体对抗以及严密防守的情况下，更多采用挤抗投篮、突破上篮、二次篮板投篮和急停投篮等方式。其中最主要的 7 种投篮方式占总投篮次数的 77.57%。

章晓在《第 29 届奥运会中国男篮与比赛对手投篮技术运用的比较研究》一文中对中国队与对手在奥运会比赛中的投篮次数、投篮方式等方面进行了对比研究。结果显示，首先，中国队在投篮总次数、投篮命中率及得分这三个主要指标方面全面落后于对手。这反映出其在激烈对抗下创造和把握机会的能力比世界强队差，而且准确性较差、自我调节能力差。其次，中国队内线队员在强烈身体对抗时投

① 王占坤.CBA 篮球运动员位置技术特征及指标体系研究［J］.北京体育大学学报，2007（8）：135－137.

② 谢庆芝.论 NBA 投篮技术特征及其对我国篮球技术发展的影响［J］.南昌大学学报，2006（5）：134－137.

篮能力较差，且命中率低。但与以往大赛相比，在紧逼、干扰情况下的投篮能力已经有了一定的进步。而外线在对抗中投篮能力仍然较弱，在投篮次数以及命中率等几方面仍然与对手差距较大。最后，内外线队员在中投运用上与对手相比具有优势，尤其是在利用掩护后的中投应用较多。但外线队员与比赛对手相比，突破能力较差，很难突入篮下得分或造成犯规，在篮下激烈的身体对抗下动作变形，造成投篮命中率低。[①]

在突破方面的研究中，郭峰在《中国男篮在北京奥运会决赛阶段突破技术运用的实效性研究》中对中国男篮与对手在比赛中突破技术运用差异进行相关研究。研究结果表明，首先，在北京奥运会的比赛中，中国男篮在场均突破直接得分方面低于对手。其次，中国男篮在突破后造成对手犯规的次数方面，与对手差异较小，而突破后造成犯规的比例，中国男篮则高于对手。最后，在突破总次数和突破传球的次数上，中国男篮则低于比赛对手。[②]

陈京生等在《第十四届世锦赛及第二十二届亚运会中国男篮篮板球技战术分析》中对中国男篮在两次世界大赛中篮板球的争抢状况进行了研究。其研究结果表明，中国男篮内线队员在这两届大赛中平均身高有一定优势，但对手在内线身高处于劣势的情况下，采用提前起跳和连续起跳点拨球的方法争抢篮板球的第二高度以及第二时间的方法，使得中国男篮前场篮板球和后场篮板球均少于与赛对手。其中对手抢得前场篮板球的比例高出中国男篮30%左右，后场抢得篮板球比例也高于中国男篮20%左右。[③]

李征在《第十一届全运会男篮篮板球争取方式及意识的分析与建议》中对第十一届全运会男篮篮板球争取方式和意识等方面进行研究，研究发现，在这届全运会中，篮板球的总数在2829次，其中外线队员争抢到篮板球1152次，比例为41%，内线队员争抢到篮板球1677次，占全部篮板球总数的比例为59%；而在篮板球的争抢方式方面，顶人卡位528次占18%、冲抢510次占18%、其他216次

① 章晓. 第29届奥运中国男篮与比赛对手投篮技术运用的比较研究 [D]. 西安体育学院，2009.
② 郭峰. 中国男篮在北京奥运会决赛阶段突破技术运用的实效性研究 [D]. 华东师范大学，2010.
③ 陈京生，许慧. 第十四届世锦赛及第二十二届亚运会中国男篮篮板球技战术分析 [J]. 北京体育大学学报，2004（11）：1553-1554，1557.

占 8%、自然落点 982 次占 34%、对落点的预判 420 次占 14%、挑拨 163 次占 5%。此外，在对获得篮板球后的行动进行分析后，得出的结论是获得后场篮板后完成快攻 152 次，而造成防守犯规 45 次；获得前场篮板后重新组织进攻 209 次、补篮得分 173 次、造成对手犯规 2 次。①

对五人制篮球运动员传接球的技术研究方面，杨洋在《中外男篮传接球技术运用对比分析》中，对中国男篮与对手在比赛中的传球方式、传球区域等方面进行比较研究。结果显示，在传球方式方面，中国男篮运用双手传球多于对手，单手传球少于对手；在传球线路上，中国男篮较多运用弧线传球，而直线传球应用较少，特别是在折线传球方面与对手差距较大；在传球区域方面，中国队在三分线以内传球少于对手，而三分线外传球次数则多于对手。此外，在传球的方向方面，在由外向内传球方面，中国队三分线外向限制区内传球能力较差；而在由内向外的传球时，在限制区向三分线外传球能力与对手相差较大；在传球落点方面，在头上传球比例高于对手，而胸部左右高度的传球比例则低于对手，腰腹左右的传球与对手差异较小。②

张淇在《关于中美篮球传接球技术运用效果的差异性特征研究》中对 CBA 与 NBA 球员在传球次数、效果等方面进行研究。研究发现，首先，CBA 球员相比于 NBA 球员无目的性的传球次数较多，而在场上多余的传球则会造成传、接球的过多失误。其次，CBA 球员在外线的传球较多，在此区域内传球经常是为传球而传球，不像 NBA 球员为进攻而传球，这样的传球缺少目的性，对进攻实际意义较小。最后，传球效果较差，特别是在助攻方面体现得较明显，CBA 联赛中的助攻数明显少于 NBA 联赛，也就是说 CBA 球员在进攻时配合意识和能力较差，对传球的依赖较小，这与 NBA 球员有较大差别，特别体现在传球技术和传球意识方面。③

在关于位置技术的研究方面，高庞在《篮球位置技术解剖》中认为，位置技术在篮球运动的发展过程中有着重要的地位和作用。首先，位置技术为篮球技术

① 李征. 第十一届全运会男篮篮板球争取方式及意识的分析与建议 [J]. 成都体育学院学报，2010 (11)：135 – 137.
② 杨洋. 中外男篮传接球技术运用对比分析 [D]. 石家庄：河北师范大学，2012.
③ 张淇. 关于中美篮球传接球技术运用效果的差异性特征研究 [D]. 大连：辽宁师范大学，2008.

向较高层次发展起到重要的作用。一方面，后卫技术、前锋技术和中锋技术独立发展，自身不断完善；另一方面，位置技术之间又相互渗透，在更高的层次上进行综合，从而更加丰富了技术内涵，形成了快速、全面、精湛的现代篮球技术。其次，位置技术的形成与发展，为个人战术、基础配合乃至全队战术奠定了基础，为战术的细腻化和精确化创造了有利条件。同时，位置技术为组织战术提供了更为丰富的素材。最后，位置技术的形成和发展对篮球技术水平的提高和加速不同位置运动员的成长必定产生一定影响，其意义不容忽视。①

董伦红在《世界女篮优秀队员身体形态与技术特征分析》中认为，后卫队员技术的核心特征为助攻，基本特征为抢断和外线进攻能力，一般特征为罚球与中距离进攻能力，扩展特征为篮板球和盖帽。其中，核心特征、基本特征与一般特征构成了后卫运动员的内涵特征，而扩展特征则构成了后卫运动员的外延特征。②

虽然在篮球运动中对于场上运动员的位置划分和位置技术的出现是客观存在的，但随着篮球运动员身体素质的不断提高以及技术、战术的不断向前发展，出现了"位置模糊"的现象。在篮球运动中，"位置模糊"是指场上运动员打破了原有传统的意识、职责与位置技术，且运动员具备了两个或两个以上不同位置技术。王雷在《NBA"位置模糊"球员年龄与身体形态特征分析》中认为现代运动员应具有"位置模糊"的特征，第一种是后卫和前锋结合型球员，这种类型的球员是由传统的后卫和前锋队员演化而来，这种类型的球员不但拥有后卫和前锋的速度能力，而且还有较强的远投能力，并且能够适应场上不同的外线位置。第二种是前锋和中锋结合型球员，这一类型的球员是从传统的中锋和前锋队员发展演变而来的，这种类型的球员既是球队的核心，又是各类战术的枢纽。③ 在进攻方面，前锋和中锋结合型运动员既拥有背筐单打能力，又具有较强的远距离投篮能力；防守方面，既能防好自己的对位运动员，又可以帮助自己的队友进行换防、补防等，同时在某些时候还可以防守对方的小前锋和攻击后卫。

① 高庞. 篮球位置技术解剖 [J]. 西安体育学院学报, 1997, 14 (1): 55 - 57.
② 董伦红. 世界女篮优秀队员身体形态与技术特征分析 [J]. 山东体育科技, 2005 (3): 21 - 22.
③ 王雷. NBA"位置模糊"球员年龄与身体形态特征分析 [J]. 体育学刊, 2008, 15 (9): 93 - 96.

第二节 三人制篮球进攻技术特征

一、三人制篮球投篮特征

（一）三人制篮球投篮方式特征研究

投篮是篮球竞赛中唯一的得分手段，是一切进攻技术、战术的最终目的和攻守矛盾的焦点。因此，双方都努力增加己方投篮次数，提高投篮命中率并且降低对手投篮次数以及投篮命中率。三人制篮球作为篮球运动的一种形式，也必然遵循此规律。三人制篮球与五人制篮球一样，主要通过运动中得分与罚篮得分两种形式得分。

国际篮联虽然从 2010 年开始大力推广三人制篮球，但 2012 年才制定出统一的三人制篮球竞赛规则。因此，本书中 2010 年青奥会三人制篮球竞赛中的规则，特别是关于投篮得分的相关条款还与五人制篮球相同，也就是传统五人制篮球的三分线外投中一球得 3 分，三分线内投中一球得 2 分，罚中一球得 1 分。在罚球方面，三分线外投篮犯规执行 3 次罚篮，三分线内投篮犯规执行 2 次罚篮，投中加罚 1 次罚篮。而 2012 年制定的三人制篮球竞赛规则虽然在比赛时间等方面与 2010 年青奥会三人制篮球竞赛规则相同，但在投篮得分方面存在较大差别。例如，在三分线外投中一球得 2 分，三分线内投中一球得 1 分，罚中一球得 1 分。在罚篮方面，三分线外投篮犯规罚篮 2 次，三分线内投篮犯规罚篮 1 次，加罚时罚篮 1 次。本书为了方便对比，规定无论是执行 3 次罚篮、2 次罚篮还是 1 次罚篮都记作 1 次罚篮。如表 4-1 所示，青奥会竞赛中的罚篮机会多于世锦赛和亚青会比赛，而运动中投篮却少于这两项比赛。这主要是三人制篮球世锦赛和亚青会篮球比赛，每次罚篮所得分值与三分线内运动中投篮所得分值相同，而且在加罚时其分值比例也高于青奥会比赛。在这种情况下，运动员在防守时尽量避免犯规，不给对手更多的罚篮机会，特别是在对手突破以及靠近篮筐进行各种投篮时，防守队员要更加注意自己的身体动作，既要降低对手进攻的命中率，又要避免犯规得分加罚。这也是这两项赛事中获得罚球机会少于青奥会的重要原因之一。

表4-1 三人制篮球投篮统计表

竞赛类型	投篮总数/次	场均投篮数/次	场均运动中投篮数/次	运动中投篮比率/%	场均罚篮数/次	罚篮比率/%
2010年青奥会	557	61.9	50	80.8	11.9	19.2
2012年世锦赛	464	58	51.75	89.2	6.25	10.8
2013年亚青会	262	65.5	58	88.5	7.5	11.5

运动中投篮作为主要的得分手段，从得分的分值来划分，可分为三分线外投篮和三分线内投篮。现代五人制篮球竞赛中三分球是最主要的进攻武器，例如在伦敦奥运会男篮比赛中，个别场次三分线外出手比率超过45%，一般情况下出手比率为20%~45%。在三人制篮球比赛中，三分线外出手比率也通常在这一范围内，如表4-2所示，世锦赛和亚青会三分线外的场均出手次数分别为21.3次和21.8次，占运动中投篮次数的41.1%和37.5%，比率稍高于青奥会，主要原因是世锦赛和亚青会的竞赛中，三分线外投篮与三分线内投篮的得分比为2:1，青奥会为3:2。

表4-2 运动中投篮统计表

竞赛类型	场均运动中投篮/次	三分线外投篮数/次	三分线外投篮比率/%	三分线内投篮数/次	三分线内投篮比率/%
2010年青奥会	50	15.2	30.4	34.8	69.6
2012年世锦赛	51.75	21.3	41.1	30.5	58.9
2013年亚青会	58	21.8	37.5	36.3	62.5

（二）三人制篮球投篮区域特征

三人制篮球的竞赛场地通常采用半块标准五人制篮球场地，本研究将三人制篮球场地划分为 16 个区域用以研究三人制篮球的投篮特征。如图 4 - 2 所示，在划分的 16 个区域，其中 1 区、2 区、3 区、4 区和 5 区是三分外区域，在 2012 年国际篮联制定的三人制篮球竞赛规则中，在此区域投中一球得 2 分，在其他区域投中一球得 1 分。6 区、7 区、8 区、9 区和 10 区为限制区以外三分线以内的区域，11 区、12 区、13 区和 14 区为限制区内的区域，15 区在场地上无固定区域，此区域代表上篮区，同样 16 区则代表扣篮区。11 区、12 区是限制区内的高位区域，相对应 13 区、14 区为限制区内的低位区域；7 区、9 区是三分线内限制区外 15°~60°区域，8 区是三分线内限制区外正面区域，6 区、10 区是三分线内限制区外 0°~15°区域；2 区、4 区是 15°~60°的三分线外区域，3 区是 60°~90°的三分线外区域，1 区、5 区是 0°角三分线外区域。①

注：15区——上篮区，16区——扣篮区

图 4 - 2　投篮区域划分

---

① 单曙光. 对篮球比赛技术统计分析系统的构建研究［J］. 天津体育学院学报，2008，23（2）：123 - 127.

如表4-3所示，三项赛事在投篮区域方面呈现出一些共同特征。首先，在1~5区的5个三分线外投篮区中，以2区、3区、4区出手次数最多，其主要原因是三人制篮球半场攻防中，每名运动员的比赛空间大于五人制篮球。在竞赛过程中，由于1区和5区位于场地的边角位置，更加有利于防守一方，因此在竞赛空间足够大时，这两个区域是运动员较少接球进行进攻的区域，那么相应的出手次数就远少于其他3个区。其次，在6~10区这5个三分线内限制区外的投篮区域中，8区出手次数最多，7区和9区其次，6区和10区最少。主要原因包括两点：第一，6~10区的投篮主要是运动员突破过程中的急停跳投，而突破通常是一对一的突破或利用掩护突破，在8区位于篮筐正面，突破时由于左右两侧都有最大的突破空间，同时在篮筐正面掩护次数也最多。因此，运动员在8区的突破急停跳投的次数最多，7区和9区的少于8区，由于6区和10区靠近底线，这两个区域急停跳投次数最少。第二，这5个区的投篮一部分来源于突分后的接球投篮以及内线的策应投篮，同样在7区、8区和9区的接球跳投次数也多于6区和10区。再次，在11~14区的4个限制区投篮区中，13区和14区作为低位投篮区，出手投篮次数多于高位投篮区的11区和12区，主要原因是三人制篮球由于场上人数较少，突破队员较容易突破至低位区进行投篮，以及内线队员也较容易在较低位置接到球进行攻击。此外，二次篮板球投篮也较多出现在以上两个投篮区域。最后，15区作为上篮区是出手次数最多的区域，与之相对应，16区作为扣篮区则是出手最少的区域。

表4-3 投篮区域统计表

投篮区域	2010 年青奥会		2012 年世锦赛		2013 年亚青会	
	场均/次	比率/%	场均/次	比率/%	场均/次	比率/%
1 区	0.8	1.6	0.8	1.4	2	3.4
2 区	3.9	7.8	4.5	8.7	5.3	9.1
3 区	6.7	13.3	9.8	18.8	5.5	9.5
4 区	3.2	6.4	5.4	10.4	8.3	14.2
5 区	0.7	1.3	0.9	1.7	0.8	1.3

投篮区域	2010 年青奥会		2012 年世锦赛		2013 年亚青会	
	场均/次	比率/%	场均/次	比率/%	场均/次	比率/%
6 区	0.7	1.3	0.3	0.7	1.3	2.2
7 区	1.2	2.4	1.3	2.4	1.3	2.2
8 区	1.8	3.6	1.5	2.9	1.5	2.5
9 区	1.1	2.2	1.3	2.4	1.3	2.2
10 区	0.6	1.1	1.1	2.2	0.5	0.8
11 区	2.9	5.8	2.3	4.3	3	5.2
12 区	2.2	4.4	1.8	3.4	3.8	6.5
13 区	5.6	11.1	4.9	9.4	5	8.6
14 区	5.2	10.4	3.6	7	6.8	11.6
15 区	13.2	26.4	11.3	21.7	12	20.7
16 区	0.3	0.6	1.3	2.4	0	0

1. 三人制篮球三分线外投篮特征

自五人制篮球开始实行三分球规则以来，比赛的争夺更加激烈，运动员的进攻方式更加多样性，竞赛结果的偶然性也大大增加。此外，随着篮球运动员技术、战术和体能的发展，更高和更宽的空间被拓展，同时，每次进攻追求在最短的时间获得最大的得分效益。以上原因都促使了三分球投篮被大量运用，成为最常用的得分武器，三分球投射能力也是衡量一支球队强弱的重要标志。竞赛中三分球投篮机会通常通过配合获得，运动员较多应用接球投篮方式完成进攻。

作为五人制篮球的衍生项目，三人制篮球竞赛中三分线外投篮同样是最为重要的投篮方式，由于规则的差异，特别是 2012 年三人制篮球规则提高了三分线外投篮得分的分值比例，三分球投篮的比率也有所增加，见表 4-4。

①三人制篮球竞赛中，接球投篮的数量大大多于运球投篮数量，其主要原因是突破技术在三人制篮球比赛中被运动员大量运用，在防守队员进行协防、补防时，三分线外会出现接球投篮的机会。另外，由于比赛人数较少，进攻队员在三分线外接球时，防守队员由于比较忌惮对手的接球顺势突破，在其接球时与之保持一定的防守距离，这使进攻队员接球后有更多的出手投篮机会。与之相对应，运球投篮数量较少的主要原因是进攻队员运球时，防守队员必定出现在接近进攻队员的正确防守位置，那么选择强行出手投篮难度较大，而且运球投篮通常选择跳投，对运动员身体素质要求较高，这也是运动员较少选择三分线外运球投篮的原因。另外，当运动员为三分线外运球的队友做挡拆时，防守队员通常选择挤过或交换，所以较少出现投篮机会。

②一对一的情况下三分线外出手的次数多于通过配合的出手投篮次数。其主要原因是，由于空间较大，协防和补防时需要移动更远的距离，那么三名防守队员一般都各自防守自己的对手，只有持球进攻突入限制区或在此区域接球时，才会出现协防和补防，但大多数情况下攻守双方队员都是一对一，这也使得三分线外一对一投篮多于配合投篮。此外，由于三分线外投篮分值比例较高，防守队员在协防时，也会将一部分注意力留在三分线外自己防守的对手身上，一旦对手将球传至三分线外，防守队员迅速回到原有的防守位置，使得进攻队员很难通过配合打造出从容的投篮机会。

③三人制篮球世锦赛中，三分线外运球一对一投篮的比率及通过配合投篮比率高于其他两项赛事。主要原因是，2012 年三人制篮球世锦赛是第一届，是三人制篮球最高水平赛事，许多运动员是世界顶级水平，其中不乏一些运动员有过 NBA 背景，这些运动员的身体素质大大优于其他两项赛事的运动员，使得在世锦赛上，运动员在三分线外较多采用运球时一对一跳投。另外，由于这些运动员战术意识较强，在突分、掩护、策应时配合质量较高，进攻队员可以获得一些通过配合的投篮机会。

表4-4　三分线外投篮形式统计表

竞赛类型	接球投篮				运球投篮			
	一对一/次	比率/%	配合/次	比率/%	一对一/次	比率/%	配合/次	比率/%
2010 年青奥会	11.8	77.4	1.3	8.8	1.9	12.4	0.2	1.5
2012 年世锦赛	11	51.8	4.5	21.2	5.5	25.9	0.3	1.2
2013 年亚青会	19.3	88.5	1.3	5.7	1.3	5.7	0	0

2. 三分线内投篮特征

三人制篮球作为篮球运动的重要组成部分，也必定遵循篮球运动特有的规律特征，其中最重要的一点就是离篮筐越近投篮命中率就越高，那么在三人制篮球运动中，三分线内投篮仍然是最主要的投篮方式。而在三分线内的各种投篮具有投篮方式多样、动作变化多、对抗性强的一些特征，其中包括运球急停投篮、突破上篮、挤抗投篮等许多投篮得分方式。本书在研究三分线内投篮特征时选择突破上篮、接球投篮、补篮、进攻篮板二次投篮、运球急停投篮、转身投篮、挤抗投篮、勾手投篮和扣篮九种投篮方式。许多对五人制篮球投篮方式的研究结果表明，挤抗投篮、突破上篮、接球投篮、运球急停投篮为最主要几种投篮方式。[1] 而对于三人制篮球的研究中，如表4-5所示，首先，在这三项不同层次的三人制篮球赛事中，突破上篮所占比例最高，分别为38%、36.7%和33.1%，是三分线内最为主要的投篮方式。其主要原因包括两个方面：其一是突破空间大，三人制篮球由于场上人数较少，这样就给突破队员留出比五人制篮球更大的突破空间，运动员也就更多地选择突破作为进攻手段；其二是突破后更多选择上篮，运动员在突破后可以选择急停投篮、突分以及上篮，但在三人制篮球中，防守队员协防和补防时需要移动更大距离，那么防守时大部分情况是一对一防守。其次，除突破上篮外，占15.3%的挤抗投篮和占13.4%的运球急停投篮是青奥会主要的投篮方式；占16%的转身投篮和占12.3%的运球急停投篮是世锦赛主要的投篮方式；占

---

[1]　谢庆芝. 论 NBA 投篮技术特征及其对我国篮球技术发展的影响［J］. 南昌大学学报，2006，37（5）：135-136.

21.4%的接球投篮和占15.2%的运球急停投篮是亚青会主要的投篮方式。运球急停投篮在三项赛事中均为主要投篮方式，主要原因是由于进攻的发起主要通过突破，突破后运动员在未能摆脱防守队员时，一般选择急停投篮作为主要的投篮方式。

表4-5　三分线内投篮方式统计表

投篮方式	2010年青奥会		2012年世锦赛		2013年亚青会	
	场均/次	比率/%	场均/次	比率/%	场均/次	比率/%
接球投篮	4.2	12.1	2.8	9	7.8	21.4
突破上篮	13.2	38	11.3	36.7	12	33.1
补篮	0.8	2.2	0.6	2	0	0
二次投篮	1	2.9	0.8	2.5	4.8	13.1
运球急停投篮	4.7	13.4	3.8	12.3	5.5	15.2
转身投篮	2.9	8.3	4.9	16	3	8.3
挤抗投篮	5.3	15.3	3.1	10.2	2.8	7.6
勾手投篮	2.6	7.3	2.5	8.2	0.5	1.4
扣篮	0.1	0.3	1.3	4%	0	0%

二、三人制篮球传球特征

　　传球是篮球比赛中进攻队员有目的地转移球的动作，是进攻队员在场上相互联系和组织进攻的纽带，是实现战术配合的手段。传球的质量直接影响战术质量的高低和比赛的胜负。高质量的传球能够打乱防守方的部署，创造更好和更多的投篮机会。

（一）三人制篮球传球方式与次数特征

篮球竞赛中，运动员是否能够选择最为合理的传球方式，将球传至占据有利位置的队友手中，是决定全队在进攻中能否获得较好进攻机会的重要因素之一，同时也是衡量运动员的技术能力，特别是支配球能力的重要指标之一。五人制篮球比赛中，最常用的传球方式为双手胸前传球、双手头上传球和单手胸前传球。例如，对第 29 届奥运会 6 场男篮比赛进行统计，这三种传球的比率分别为38.3%、27.3% 和 12.5%。[①] 在三人制篮球比赛中，如表 4-6 所示，采用最多的传球方式是双手胸前传球，其次是单手胸前传球，再次是双手头上传球。其主要原因是在竞赛中，三人制篮球以一对一单打为主要进攻方式，而目的主要是带有转移性质的传球，以上三种传球方式就是带有转移性质的主要传球方式，那么相应的此三种传球方式的次数最多。与之相反，背后传球和单手肩上传球的次数与比率极低。特别是单手肩上传球，这种在五人制篮球中常用的传球方式，在三人制篮球比赛中却较少出现的原因是，三人制篮球比赛的场地较小，且无快攻战术，那么这种常用于快攻的长传球自然较少出现。

表 4-6　传球方式统计表

传球方式	2010 年青奥会		2012 年世锦赛		2013 年亚青会	
	场均/次	比率/%	场均/次	比率/%	场均/次	比率/%
双手胸前传球	36.9	41.2	19.2	31.8	25.8	36.7
双手头上传球	7.9	8.8	11.1	18.4	8.4	12
双手反弹传球	1.9	2.1	4.2	6.9	2.7	3.8
双手低手传球	3.5	3.9	1.7	2.8	2.7	3.8
单手胸前传球	24.3	27.1	13.6	22.6	18.1	25.8
单手体侧传球	2.5	2.8	0.8	1.4	1.5	2.1

---

① 杨洋. 中外男篮传接球技术运用对比分析 [D]. 石家庄：河北师范大学，2010.

续表

传球方式	2010 年青奥会		2012 年世锦赛		2013 年亚青会	
	场均/次	比率/%	场均/次	比率/%	场均/次	比率/%
单手肩上传球	0.3	0.3	0	0	0.07	0.1
单手低手传球	4.7	5.2	2.2	3.7	3.4	4.8
单手反弹传球	4.1	4.6	5.3	8.8	4.6	6.5
勾手传球	0.4	0.5	0.8	1.4	0.7	1
背后传球	0	0	0.3	0.5	0.07	0.1
推拨传球	3.2	3.6	1.1	1.8	2.2	3.2

如表 4-7 所示，在三人制篮球赛事中，单次进攻都在 4 次传球以内完成，而 90% 以上的进攻在 2 次传球完成。特别是在采用 2012 年国际篮联三人制篮球新规则的世锦赛和亚青会比赛中，0 次传球比率最高，其次是 1 次传球，再次是 2 次传球。其主要原因：首先，三人制篮球单次进攻时间短，运动员出现机会就坚决进攻，特别是没有任何传球的一对一进攻成为进攻的主要方式。其次，三人制篮球竞赛中攻守转换次数较多且速度快，所以运动员都非常重视在攻守转换段进攻，在对手没有做好防守准备时选择进攻，防守压力较小、投篮机会较好。因此，各队较多采用转换段的三分线外投篮或突破。

表 4-7　单次进攻传球次数统计表

单次进攻传球次数	2010 年青奥会		2012 年世锦赛		2013 年亚青会	
	场均/次	比率/%	场均/次	比率/%	场均/次	比率/%
0 次	10.3	21.3	26	45.8	29.3	46.1
1 次	21.1	43.2	22.1	39	22	34.6
2 次	12.9	26.4	6.9	12.1	9.5	15
3 次	4	8.2	1.4	2.4	2.5	3.9
4 次	0.6	1.1	0.4	0.6	0.3	0.4

（二）三人制篮球传球的目的与方向特征

转移性传球是指带有一定的战术目的，为调动防守部署，创造投篮机会，而进行的带有过渡或转移性质的传球。处理性传球是指在持球队员被紧逼、夹击等情况下，无战术目的且避免失误，勉强将球传予队友的传球。攻击性传球是指带有极强的目的性和攻击性，使接球队员在限制区附近接球，接球后可以立即完成投篮的传球。如表4-8所示，三个层次的比赛中，传球次数最多的是转移性传球，其次是攻击性传球和处理性传球。从表中还可以看出世锦赛上场均攻击性传球次数和所占比率高于其他两项赛事。其主要原因是世锦赛运动员水平较高，传、接球的技术和意识都优于其他两项赛事运动员，特别是突破时对于投篮和传球的选择，以及无球队员的跑位和接应都较为合理，这样在较少的传球次数中攻击性传球比率较高。

表4-8 不同目的传球统计表

传球方式	2010年青奥会		2012年世锦赛		2013年亚青会	
	场均/次	比率/%	场均/次	比率/%	场均/次	比率/%
处理性传球	0.9	1	2.4	3.9	3	4.3
攻击性传球	3.6	4	5.4	8.9	4.5	6.4
转移性传球	85.1	95	52.5	87.1	62.8	89.3

此外，如表4-9所示，青奥会场均转移性传球数和比率，特别是转移性传球中外线传外线的数量和比率都高于其他两项赛事。其主要原因是青奥会进攻方要求在边线发球，各队较多采用外线队员发球，内线队员接球然后回传给外线队员的方式，而另两项赛事采用2012年新规则，即在中线附近接防守队员传球的发球方式，这也就使得青奥会外线传外线的转移性传球多于另外两项赛事。此外，世锦赛比赛的转移性传球中，外线传外线数量和比率低于其他两项赛事，而外线传内线和内线传外线的数量却高于它们，这也充分说明世锦赛的高水平运动员传球在12秒的有限进攻时间内，每次传球的目的性较强，外线之间带有过渡性质的传球较少，更多的是

外线传予内线强攻、内线传出外线远投以及突破后向外线的传球。

表4-9 不同方向转移性传球统计表

转移性传球方向	2010 年青奥会		2012 年世锦赛		2013 年亚青会	
	场均/次	比率/%	场均/次	比率/%	场均/次	比率/%
外传外	62.2	73.1	28.6	54.5	39.3	62.5
内传外	7.8	9.1	10.1	19.3	7.5	12
外传内	13.1	15.4	11.9	22.6	12	19.1
内传内	2	2.3	1.9	3.6	4	6.4

三、三人制篮球进攻篮板球特征

篮球运动中篮板球是争夺控制球权的重要来源之一，三人制篮球由于单位时间出手次数多，攻守转换在瞬间完成，那么如果进攻篮板球占优势，既可增加进攻次数和篮下直接得分的机会，又可增强投篮队员的信心。如表4-10所示，首先，在场均进攻篮板球方面，抢得数最多的赛事是亚青会10.8次，其次是青奥会8.1次和世锦赛7.5次，说明竞赛中运动员水平越高，篮板球意识就越强，控制后场篮板球的能力就越强，那么进攻方获得进攻篮板的难度也越大。其次，在进攻篮板球获得方式方面，五人制篮球的进攻篮板球主要通过高度抢夺和自由落点获得。例如，对第29届奥运会6场男篮比赛进攻篮板球获得方式进行研究。研究结果表明，通过高度争抢和自由落点获得的比率，中国队为43.2%和18.2%，与赛队为23.7%和15.3%。[①] 在三人制篮球比赛中，通过球自由落点的方式获得前场篮板球是最主要的获得方式，比率在40%以上。其主要原因：第一，在三人制篮球比赛的半场攻防中，人均所占比赛面积是五人制篮球半场比赛的1.6倍，在这种情况下，球就有更多的机会自由地落入进攻队员手中，从而重新组织进攻。第二，从篮板球的反弹规律来看，出手距离越远，反弹距离就越远，由于三分线外出手

---

① 郭海滨. 29 届奥运会中国男篮篮板球能力及其影响因素研究［D］. 济南：山东师范大学，2009.

占总数的40%左右，三分线外出手后球反弹的距离远，那么外线的进攻队员在球反弹后有更多机会通过自由落点的方式获得进攻篮板球。

表4-10 篮板球争抢方式统计表

进攻篮板球获得方式	2010年青奥会		2012年世锦赛		2013年亚青会	
	抢得数/次	比率/%	抢得数/次	比率/%	抢得数/次	比率/%
冲抢	0.8	9.6	8	13.3	1	2.3
抢位	17	23.3	7	11.7	7	16.3
自由落点	32	43.8	28	46.7	18	41.9
点拨	7	9.6	1	1.7	5	11.6
高度抢夺	10	13.7	16	26.7	12	23.3
场均数	8.1		7.5		10.8	
总数	73		60		43	

最后，在争抢进攻篮板球的人数方面，如表4-11所示，三项赛事中一人争抢进攻篮板球的比率都在70%以上，二人争抢比率在20%以上，特别说明的是，在二人争抢中很大比率是本方罚篮未中，两名非罚篮的进攻队员卡位抢得进攻篮板球。另外，在获得篮板球后处理球的方式方面，主要的处理球方式是将球传予队员或自己出手投篮，特别指出的是，世锦赛作为水平最高的三人制篮球赛事，进攻篮板获得者55%选择将球传予同伴重新进攻，其比例高于其余两项赛事，说明高水平运动员在处理二次进攻时更为耐心。进攻篮板球获得者35%选择自己投篮，虽比率低于其他赛事，但10%的造犯规比率却最高，这说明高水平运动员在二次篮板球进攻时对防守方更具杀伤力。

表 4-11 篮板球争抢人数和争抢后处理球方式统计表

竞赛类型	1人/%	2人/%	3人/%	将球传予同伴/%	个人进攻/%	造犯规/%
2010 年青奥会	71.2	27.4	1.4	45.2	46.6	8.2
2012 年世锦赛	76.7	23.3	0	55	35	10
2013 年亚青会	70	20.9	9.3	41.9	53.5	4.7

四、三人制篮球突破特征

突破作为进攻队员运用脚步结合运球、快速超越的一种方法，既可以直接突入对方篮下直接得分，又能打乱防守部署，同时又是突分配合的基础。比赛时与投篮、传球等技术结合运用，能更好地发挥突破技术的攻击力。在竞赛中，运动员可以选择一对一的情况下强行突破，也可通过掩护、策应等配合突破。如表 4-12所示，在三个层次的比赛中，世锦赛比赛中场均突破次数最多，其次是青奥会比赛，而亚青会最少。这也充分说明，在三人制篮球竞赛过程中，高水平球队更加善于利用突破技术直接得分和为队员创造机会。

在五人制篮球比赛中，运动员更多利用掩护等配合进行突破。例如，对第29届奥运会中国男篮及与赛队突破进行研究。研究结果表明，中国队一对一突破比率为40%，通过配合突破比率为60%；与赛队的比率则是31.4%和68.6%，[1] 说明五人制篮球运动员突破时更多依靠配合。与之相对应，在三人制篮球比赛中，一对一突破的比率分别是 76.7%、87.7% 和 89.2%，说明比赛中由于防守队员之间距离较远、突破空间较大、协防补防较困难，突破时更多的是没有任何配合的一对一突破。而通过配合进行突破的比率，世锦赛高于其他两项赛事，说明高水平运动员更多地利用配合进行突破，而其他两项赛事，85%以上都选择一对一突破。从突破后处理球的方式看，三人制篮球突破后更多的选择是突破至篮下投篮，其次是突分，而急停投篮比率最低。同时发现，三项赛事中世锦赛突破至篮下投篮的比率低于其他两项赛事，而急停投篮和突分的比率却高于其他两项赛事，说

---

① 伍骥. 北京奥运会男子篮球赛中国队及与赛队阵地战突破过程分析 [D]. 湖南师范大学, 2009.

明高水平三人制篮球运动员在突破时的选择更为多样化且更为合理，当超越对手时选择上篮，当未能完全摆脱对手时选择急停投篮，当对手协防或补防时选择将球分给队友。而其他两项赛事的运动员与其相比，突破后处理球的合理性存在差距。

表4-12　突破方式及突破后处理球方式

竞赛类型	场均突破数/次	一对一突破比率/%	配合突破比率/%	突破至篮下投篮比率/%	突破急停投篮比率/%	突分比率/%
2010年青奥会	24.4	87.7	12.3	64.9	8	27.1
2012年世锦赛	26.9	76.7	23.3	51.2	10.8	38
2013年亚青会	20.8	89.2	10.8	57.3	7.9	34.8

在突破方向方面，五人制篮球运动员更多选择中路和45°突破，通常比率在80%以上。[①] 同样，如表4-13所示，三人制篮球运动员也更多选择中路和45°突破，这主要是由于运动员较少在底线活动，在中路和45°突破时可以选择从两个方向突破，选择更多且对手补防困难。

表4-13　突破方向统计表

竞赛类型	中路突破比率/%	45°突破比率/%	底线突破比率/%
2010年青奥会	44.4	47.6	7.9
2012年世锦赛	34.8	57.6	7.6
2013年亚青会	30.1	57.8	2.0

---

① 栾记海. 第十六届世锦赛中国男篮突破投篮和分球技战术运用情况的分析［D］. 北京：北京体育大学，2011.

第三节 三人制篮球防守技术特征

一、三人制篮球防守投篮特征

防守投篮主要是指防守队员采用相应的动作阻止和干扰进攻队员的投篮动作，使其不能得分或命中率降低。在五人制篮球中，许多学者对投篮的防守进行研究，单曙光在其论文中根据防守队员对于对方投篮的干扰程度将干扰划分为强干扰、次干扰和弱干扰。强干扰是持球队员运用技术动作时，防守队员在一臂之内主动做出贴、抢等防守动作或者持球队员摆脱贴、抢等技术动作。次干扰是指持球队员在运用各种技术时，防守队员在一臂以内有干扰动作，但未贴近持球进攻队员。弱干扰是指持球队员运用技术动作时，防守队员在进攻队员的一臂距离以外，且对投篮的干扰较小。[①] 许多研究表明，在五人制篮球比赛中，对于三分线内投篮的干扰以强干扰为主，而三分线外则以次干扰和弱干扰为主。[②] 同样，在三人制篮球比赛中，如表4－14所示，在对进攻队员三分线内投篮进行干扰时，强干扰次数和比率最高，次干扰次之，而弱干扰最少。其主要原因为所有三分线内的投篮较多集中在限制区，特别是突破上篮的比率较高，而这一区域也是人员最密集、争夺最激烈的区域，相应的强干扰投篮比率较高。与此相对应的，三分线以内运动员较少获得从容投篮机会，这也是弱干扰比率较低的主要原因。

① 单曙光. 对篮球比赛技术统计规范和分析评价研究 [D]. 北京：北京体育大学，2007.
② 李佳丽. 近三届奥运会中国男篮与四强攻击性防守的比较研究 [D]. 北京：北京体育大学，2010.

表 4 - 14　三分线内投篮干扰统计表

三分线内	2010 年青奥会		2012 年世锦赛		2013 年亚青会	
投篮干扰	场均/次	比率/%	场均/次	比率/%	场均/次	比率/%
防守投篮犯规	11.5	33	6.2	20.3	7.3	19.9
强干扰	13.8	39.7	13	42.5	15.1	41.1
次干扰	7.1	20.4	9.7	31.7	10.9	29.7
弱干扰	2.4	6.9	1.7	5.6	3.4	9.5

在三分线外投篮方面，由于防守者协防、补防较为困难，且进攻以突破为主，那么对三分线外的持球队员极少紧逼或贴防等，那么三分线外投篮队员受到的干扰较小。如表 4 - 15 所示，在这三项世界大赛中，对三分线外投篮实施强干扰的次数为零，而在三分线外的投篮都是在次干扰下和弱干扰下完成的。

表 4 - 15　三分线外投篮干扰统计表

三分线外	2010 年青奥会		2012 年世锦赛		2013 年亚青会	
投篮干扰	场均/次	比率/%	场均/次	比率/%	场均/次	比率/%
犯规	0	0	0.1	4.7	0	0
强干扰	0	0	0	0	0	0
次干扰	10.1	66.2	11.3	53.2	12.9	59
弱干扰	5.1	33.8	8.7	42.1	8.9	41

二、三人制篮球防守突破特征

防守突破主要是降低进攻队员速度、改变运球方向和减少向篮下运球，防范其在运球中突破。本研究根据持球队员突破时防守队员对其的干扰，将突破时的干扰分为强干扰、次干扰和弱干扰。强干扰是防守队员防守对手突破时，有一定的身体接触，使对手不能超越自己。次干扰是防守队员防守对手突破时，距离运球运动员一臂距离之内，没有失去防守位置，给突破的队员一定的干扰。弱干扰是防守队员防守对手突破时，距离运球运动员一臂距离之外，一定程度失去防守位置，给突破的队员干扰较小。在五人制篮球方面，孙民治对第 28 届奥运会男篮运动员防守突破进行了研究。研究结果表明，防守队员对突破队员进行强干扰、次干扰和弱干扰的比率分别是 7.1%、14.4% 和 78.6%。① 在三人制篮球比赛中，防守队员对于突破的干扰更强，如表 4 – 16 所示，防守队员对于对手突破进行防守时，实施强干扰和次强干扰的次数和比率较高，说明防守时对突破的压迫性较强。而对突破进行弱干扰的情况主要是在进攻方利用掩护进行突破时防守一方未能合理配合，进攻方突破时防守方失去防守位置。此外，防突破时防守队员防守位置选择不当也是对突破只能进行弱干扰的主要原因。

表 4 – 16 突破干扰统计表

防守突破	2010 年青奥会		2012 年世锦赛		2013 年亚青会	
	场均/次	比率/%	场均/次	比率/%	场均/次	比率/%
强干扰	9.3	38.3	10.5	39.2	7.2	34.4
次干扰	9.6	39.3	11.8	44	9.6	46.2
弱干扰	5.4	22.3	4.5	16.8	4.0	19.4

三、三人制篮球防守传球特征

防守传球主要是对进攻队员的传球实施干扰，使球传向威胁较小的区域和得分能力较弱的队员，并寻找断球的机会。本书根据持球队员传球时防守队员对其的干扰，将突破时的干扰分为强干扰、次干扰和弱干扰。强干扰是持球队员传球

---

① 孙民治. 论世界篮球运动的当代对抗特征——兼论我国男篮对抗差距 [J]. 广州体育学院学报，2008，2 (1)：71 – 72.

时，防守队员与其有着一定的身体对抗，并对传球有一定的干扰动作；次干扰是持球队员传球时，防守队员在无身体接触的情况下，对传球进行一定的干扰；弱干扰是持球队员传球时，防守队员与其距离较远，对传球没有干扰动作。在五人制篮球方面，孙民治对第 28 届奥运会男篮运动员防守传球进行研究。研究结果表明，防守运动员对传球进行强干扰、次干扰和弱干扰的比率分别是 28.2%、15.3% 和 56.5%。在三人制篮球比赛中，如表 4 - 17 所示，防守队员对持球队员传球的干扰，以次干扰和弱干扰为主，其主要原因是三人制篮球的传球目的多以转移性为主，对篮筐威胁较小，那么防守队员对传球队员的压力较小。而世锦赛作为最高水平的三人制篮球赛事，与其他两项赛事相比，对传球的次干扰比率高于其他两项赛事，说明赛事水平越高，对传球的干扰就越强。

表 4 -17　传球干扰统计表

防守传球	2010 年青奥会		2012 年世锦赛		2013 年亚青会	
	场均/次	比率/%	场均/次	比率/%	场均/次	比率/%
强干扰	0.4	0.4	1.3	2.2	1	1.4
次干扰	42.8	47.8	40.5	67.2	28	39.9
弱干扰	46.4	51.8	18.5	30.6	41.3	58.7

四、三人制篮球防守篮板球特征

在篮球运动中，后场篮板球的掌控对于比赛胜负起着关键作用，如果防守篮板球占优势，不仅可以提高本方士气，还能增加进攻队员投篮的心理压力，从而降低其投篮命中率。在五人制篮球竞赛中，许多学者对防守篮板球的获得进行研究。研究表明，五人制篮球防守篮板球的获得方式主要以高度抢夺和卡位抢夺为主。例如，对第 29 届奥运会男篮四强球队防守篮板球的获得方式进行研究，结果表明，通过高度抢夺和卡位抢夺获得防守篮板球的次数和比率最高，分别为 32.8% 和 24.1%。在三人制篮球比赛中，如表 4 - 18 所示，防守篮板球通过自由落点方式获得比率最高，主要原因有两点：第一，在三人制篮球比赛的半场攻防中，场上比赛人数较少，在这种情况下球就有更多的机会自由地落入防守队员手中，而不必全力抢夺。第二，防守队员在争抢防守篮板球时，通常将篮圈围成三角形区域，这样篮板球通常会自由落在三人中的一人手中。此外，卡位抢夺防守篮板在三项赛事中仅次于自由落点，其主要是由于三人制篮球防守几乎完全是人盯人防守，防守队员防守时的站位通常位于进攻队员和篮筐之间，因此，在争抢时较多采用卡位方式的抢夺。

表 4 - 18　防守篮板球争抢方式统计表

防守篮球板	2010 年青奥会		2012 年世锦赛		2013 年亚青会	
	抢得/次	比率/%	抢得/次	比率/%	抢得/次	比率/%
卡位抢夺	49	29.7	36	21.3	14	21.5
自由落点	80	48.5	99	58.6	38	58.5
点拨	14	8.5	9	5.3	7	10.8
高度抢夺	22	13.3	25	14.8	6	9.2
场均数	18.3		21.1		16.3	
总数	165		169		65	

在抢夺人数方面，如表 4 - 19 所示，1 人抢夺比率最高，其次是 2 人抢夺，3 人抢夺的比率最低，但在青奥会比赛中，2 人和 3 人争抢防守篮板球的比率高于其他两项赛事，主要原因是比赛中罚球次数较多，当争夺罚篮不中的篮板球时，通常 2 ~ 3 人卡位争夺。

表 4-19　争抢防守篮板球人数统计表

竞赛类型	1 人抢夺/次	比率/%	2 人抢夺/次	比率/%	3 人抢夺/次	比率/%
2010 年青奥会	69	41.8	67	40.6	29	17.8
2012 年世锦赛	102	60.5	48	28.4	19	11.2
2013 年亚青会	36	55.4	22	33.8	7	10.8

五、三人制篮球抢、打、断等特征

三人制篮球比赛中，抢、打、断和封盖球是防守队员破坏对手进攻、争取场上主动的重要手段。抢球是从进攻队员手中夺取球，当持球队员注意力分散或没有保护好球而使球暴露比较明显时，迅速接近对手，把球抢夺过来；打球是打落对方手中的球，当进攻队员持球、运球和行进间投篮时，防守队员快速接近对手，向上、向下或向侧将球打落；断球是截获对方传球的方法，提前判断进攻队员的传球方向将球截获；封盖球是防守队员将进攻队员刚投出的球或处于上升阶段的球打掉，根据进攻队员的投篮动作及身高和弹跳等特点，选择好位置和距离，准确判断出手时间和高度，将对手球拍出或打掉。如表 4-20 所示，三人制球比赛中，断球次数与比率最高。

表 4-20　抢、打、断、封盖球统计表

	2010 年青奥会		2012 年世锦赛		2013 年亚青会	
	总数/次	均数/次	总数/次	均数/次	总数/次	均数/次
抢球	13	1.4	6	0.8	2	0.5
打球	15	1.7	18	2.3	4	1
断球	45	5	27	3.4	21	5.3
封盖	23	2.6	18	2.3	11	2.8

第四节 五人制与三人制篮球位置技术特征

一、五人制篮球位置划分与位置技术

（一）五人制篮球位置分工的形成

在篮球比赛形成的最初阶段，由于运动员不同的技术特点和身体条件以及攻守双方的需要，在比赛中技术开始分化，形成了从不自觉到自觉的位置分工，最终形成了具有个人特点的技术特长。尽管这种分工在当时还不可能非常明确，但在不同位置上不同运动员为完成比赛任务而有针对性地使用到某些专门技术，并使之在竞赛的对抗中发展，相互交叉、相互渗透，形成了不同位置上的技术方法。随着技术不断向前发展，为战术的形成发展奠定了基础。同时，战术又为技术形成和运用创造了条件，为技术的发展开拓了新的领域。不同的战术对运动员在各自位置上的技术要求不同，运动员必须根据新的技术和战术以及自己在比赛中所处的特定位置适应比赛。比赛场上运动员的位置分工不同，技术运用的方式就会有区别，从而产生了在某个位置上赋予相应战术意义的专门性技术。这种运动员因比赛中所处不同位置，以及战术需要所使用的专门性技术，就是所谓的位置技术。[1]

（二）五人制篮球位置分类及位置技术

五人制篮球运动员根据不同的位置分工，可分为前锋、中锋和后卫。后卫活

---

[1]　王晓东. 对现行篮球技术分类体系及划分标准思考［J］. 北京体育大学学报，2005，28（2）：268－273.

动区域通常在弧顶一带，是全队组织进攻的核心，这就要求后卫要具备很强的控制球、支配球、助攻以及远投和突破能力等；前锋的活动区域通常位于球篮一侧，由于受端线和边线限制，攻击距离较远，这就要求运动员具备很强的突破能力以及远投能力；中锋的主要特点是背向或侧向球篮，活动范围一般在距球篮 5 米以内的区域，各种移动的距离较短，投篮距离近而出手点要高，除要求具备一定攻击能力外还要具备较强的防守和篮板能力。[①] 此外，如表 4 - 21 所示，不同位置的运动员在技术的组合及运用上有其自身的内容和特点。这种运动员在比赛中的不同位置必须使用的专门技术，即位置技术，根据运动员在比赛中不同的分工位置，它可分为前锋技术、中锋技术、后卫技术。

表 4 - 21   五人制篮球位置技术表

位置技术	投篮	传球	突破	接球	抢、打、断球
中锋技术	转身跳投 勾手投篮 篮下对抗投篮	双手头上 双手低手 单身胸前	前转身突破 后转身突破	抢位接球	封盖球 打球
前锋技术	急停跳投 行进间投篮	单身体侧 双手胸前	同侧步突破 交叉步突破	V 型摆脱 下压上提	打球 横、纵断球
后卫技术	急停跳投 行进间投篮	单、双手胸前 单手体侧	各种运球突破技术	左右摆脱 V 型摆脱	横断球 打球

二、三人制篮球的位置模糊与位置划分

三人制篮球运动是五人制篮球的衍生项目，技术动作的方式方法与五人制篮球完全相同。由于规则方面的区别，按五人制篮球的位置划分方法，可将球员根据其职责和分工划分为前锋、中锋和后卫。但这种划分方法以及命名在三人制篮

---

① 周冰. 篮球运动位置模糊趋势下对位置技术的再认识 [J]. 体育研究与教育，2012，27（4）：95 -
97.

球中显然不合适。首先，在半场范围内，三人制篮球运动员活动范围更大。由于三人制篮球只有6名运动员在半场进行攻防，人均所占场地面积大于五人制篮球，那么运动员的活动范围也就更大，已经超出了传统的不同位置运动员的活动范围。其次，三人制篮球中运动员位置分工被弱化。五人制篮球中不同位置的运动员存在不同的职责和任务。例如，后卫队员的主要职责是组织全队进攻，而前锋队员的重要职责之一是发动与参与快攻等，但三人制篮球竞赛时间为10分钟，单次进攻时间仅为12秒，那么运动员在进攻时多选择一对一单打进攻，而互相之间的配合以1~2个基础配合为主，极少出现有组织的全队进攻。此外，由于三人制篮球竞赛过程中，攻守双方都围绕同一篮筐进行攻防，比赛中不存在快攻。由于三人制篮球与五人制篮球在规则方面存在差异，将五人制篮球按场上职责的位置划分方法应用于三人制篮球显然是不合适的。最后，三人制篮球运动员的职责和所完成的任务更加综合化。在半场进行攻防时，由传统篮球5人完成的攻防任务，却由3人完成，这就要求三人制篮球运动员的技术要更为全面，避免在技术上出现短板。此外，运动员的活动范围增大，在场地的不同位置进行攻防时就会选择相应的攻防技术。

三人制篮球运动员相对于五人制篮球运动员要求技术更加全面，在攻防两端能胜任多种任务，各位置之间趋近于模糊，但位置的模糊和综合不等同于位置的消失。因此，只要运动员的技术与体能存在差异性，技术、战术对运动员就会有不同的要求，那么无论是五人制篮球还是三人制篮球位置的划分就不会消失。本书借鉴五人制篮球运动员将不同位置运动员划分为内线运动员与外线运动员的划分方法，并根据三人制篮球运动员场上攻击方式和活动区域等因素，同样将三人制篮球运动员划分为内线运动员和外线运动员两类。在主要活动区域方面，将三人制篮球场划分为近、中、远三个区域，即以球篮中心的投影点为中心，以到罚球线中心点的距离为半径画一个半圆弧，半圆弧中间区域为近区，三分线以外为远区，两条线的中间区域为中区。外线队员活动区域主要在远区和中区，而内线队员活动区域主要在近区和中区。

在三人制篮球运动中，要求运动员拥有全面的技术，单一靠内线进攻和外线进攻的运动员已经极为少见，内线运动员除具备内线攻击能力外，也要具备一定的外线攻击能力。在内线攻击的基础上，经常可以看到运动员在外线持球、运球突破以及在三分线外远投等。同时，外线运动员应用转身投篮、挤抗投篮等内线攻击方式进行得分的场面也是屡屡出现。因此，三人制篮球运动中内线运动员所拥有的技术是内线技术为主，辅以相当的外线技术。外线运动员的技术则是外线技术为主，辅以相当的内线技术。作为五人制篮球的衍生项目，如图4-3所示，三人制篮球外线运动员的位置技术应是五人制篮球中前锋技术与后卫技术的结合，而内线运动员技术是中锋技术与前锋技术的结合。

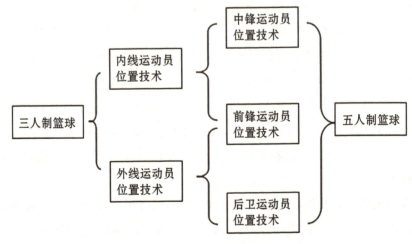

图4-3 三人制篮球位置技术

第五章

三人制篮球战术特征

第一节　三人制篮球战术的内涵及相关研究

一、三人制篮球战术的内涵

运动竞赛就其对抗性的本质而言是一种"博弈"。因此，竞技战术是指在比赛中为战胜对手或为表现出期望的竞技水平而采取的计谋和行动。项群训练理论认为，同场对抗项群所有项目的比赛战术均由战术方法、比赛阵型、比赛意识组成。战术方法是个人和集体为实现本队作战方案所采取的具体形式和手段，如图 5 - 1 所示，战术方法分为个人战术、基础配合和整体战术三种。① 个人战术可分为有球个人战术和无球个人战术两种形式，是执行局部战术和整体战术的基础；基础配合又称局部战术，是指在场地某一局部区域内，两人或三人之间进行的进攻和防守的配合；整体战术是建立在个人和局部战术基础上，由场上队员协同运用针对性较强的进攻和防守的配合方法。而比赛阵型是为实现一定的比赛目的，将运动员排列在比赛场地上的战术结构。在同场对抗项群中的项目，虽然采用的基本阵型不同，但所包含内容却相同，其包括划分各位置运动员活动的一般区域；划定运动员的具体职责；明确个人与整体以及局部与整体之间的联系。阵型主要由竞赛规则的变化、攻守矛盾以及运动员竞技能力水平等决定。三人制篮球作为同场对抗项群运动项目，其战术同样由战术方法、比赛阵型、比赛意识组成。

---

① 田麦久. 项群训练理论 ［M］. 北京：人民体育出版社，1998.

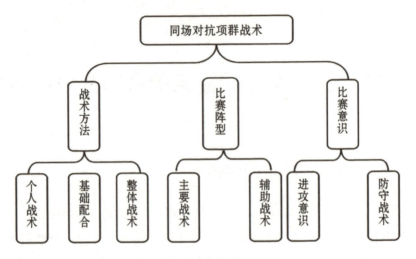

图 5-1　同场对抗项群战术

二、篮球战术研究与指标选择

对战术特征的研究主要是通过相应的战术指标来实现，这些指标包括进攻和防守的若干战术指标，而对单个指标的研究包括应用次数、成功率、对抗性、区域特征等。

在对篮球战术特征的研究方面，刘艳芳在《当代世界男子篮球竞技强队的战术特征》中认为，当代世界篮球强队战术的总体特征表现为强调战术运用时灵活多变和整体执行时的协同配合。进攻战术特征表现为进攻速度越来越快，"跑轰"打法日益常态化；攻击点多且内外线结合；快攻占整个进攻战术的比率越来越高。防守战术特征表现为球为中心、人为重点、人球兼顾；行动极具攻击性和破坏性；战术阵型向着更加综合性的方向发展。攻守转换的特征表现为攻守转换时具备稳定性和瞬时性；攻守平衡方面呈现动态特征。[①]

江少平在《篮球运动的本质和战术特征及功能的研究》中认为，篮球运动是在特定的限制条件下，围绕着固定的高空目标而进行的集体攻守的对抗性游戏，

---

① 刘艳芳. 当代世界男子篮球竞技强队的战术特征 [J]. 首都体育学院学报, 2009 (6)：729-732.

是一项现代最为流行的体育项目。在篮球运动中，战术是推动整个篮球运动向前发展的动力之一，篮球运动战术在实施方面主要依靠篮球运动员全面、准确和娴熟的个人技术，而实施的战术主要表现为三个方面的特征，即技战术统一、个人战术行动统一、攻守统一。①

金赛英在《NBA 各队主要进攻战术打法研究》一文中指出，现在 NBA 所有各支球队均有各自的主要进攻战术。主要进攻战术是较为固定以及在竞赛过程中应用频率较高的一些战术方法。而这些主要进攻战术常常表现为以下几方面特征：第一，进攻战术的落位阵型常表现出非平衡性和不对称性。第二，沿底线和边线的大范围跑动较多，且运球和传球等技术动作的运用具有选择性、目的性。第三，基础配合和个人进攻战术是进攻的主要模式，进攻基础配合的应用以掩护配合为主要配合方式。②

此外，还有一些学者通过某次大赛的一些战术配合的特点来解析战术特征。

例如，董顺波在《论第二十九届奥运会男篮进攻战术基础配合特点》中对第 29 届奥运会小组赛阶段和淘汰赛阶段共 38 场男篮比赛中进攻基础配合的运用情况进行分析。研究结果表明，比赛中各支队伍都能根据对手的技术、战术特点及本方的实际情况，目的性较强地应用各种进攻基础配合，这些基础配合也组成了许多高质量和高水平的配合，使球队整体配合与运动员个人进攻很好地结合在了一起。每场比赛中，攻守双方通过进攻战术基础配合所得平均分数达 72 分，占总数的 43.8%。其中掩护配合、突分配合、传切配合、策应配合四种进攻基础配合所占比率分别为 13.5%、10.2%、8.6%、7.7%。③

康俊龙在《第十六届世锦赛中国女篮进攻基础配合对比研究》一文中对双方在比赛中的进攻基础配合次数、形式等方面进行研究。研究结果表明，中国队与对手的四种进攻基础配合的总次数无大差距，特别在第一节和第四节进攻基础配合的运用次数最多；从配合形式来看，中国队传切配合次数低于对手。在突分配

---

① 江少平．篮球运动的本质和战术特征及功能的研究 [J]．福建体育科技，2006 (4)：13－15.
② 金赛英．NBA 各队主要进攻战术打法研究 [J]．北京体育大学学报，2006，27 (11)：70－71.
③ 董顺波．论第二十九届奥运会男篮进攻战术基础配合特点 [J]．首都体育学院学报，2006，21 (4)：74－77.

合中，中国女篮同样低于对手。在掩护配合方面，中国女篮应用次数高于与赛对手，无球间掩护是所有队伍运用掩护的主要形式。在策应配合方面，中国队应用策应配合次数明显高于对手，中国队主要以策应配合后将球传予外线队友和自己突破为主要的进攻方式，而对手则是以策应配合后传予外线队友或者自己投篮为主要进攻方式。①

黄学良在《29届奥运会、16届世锦赛中外男篮防守战术基础配合运用对比研究》中对两届世界大赛中的中外男篮防守基础配合情况进行研究。研究结果表明，在应用防守基础配合的次数方面，中国队防守战术基础配合应用的主要形式依次为补防、交换、夹击，占配合形式的71.7%。而与赛对手依次为夹击、补防、交换，占配合形式的70.8%。其中，中国队补防应用次数高于与赛对手，而夹击应用次数明显低于与赛对手；在配合的效果方面，中国队夹击、补防、交换防守、挤过及关门的运用效果与比赛对手存在较大的差距，在这其中夹击的应用效果差距最大，而穿过、绕过应用效果与对手差距较小。②

严元哲在《北京奥运会中外男篮掩护配合统计对比研究》中对双方掩护发生时间、掩护的类型等进行了研究。研究结果表明，在掩护的形式方面，中国男篮掩护以前掩护、侧掩护、连续掩护和挡拆配合为主，比率分别为22.4%、15.2%17.4%、13.6%，其中挡拆是中锋队员最常采用的掩护方式；在掩护配合的时间方面，中国男篮掩护配合的时间多集中在0～10秒和11～15秒之间，主要是现在的中国男篮身材与欧洲篮球传统的"大型化"风格比较接近。在进攻中以阵地进攻为主，比较强调"整体配合、固定落位"；在掩护的参与人员方面，中国男篮掩护者的身份主要是内线球员充当，而外线球员多为被掩护者。特别指出的是中国男篮在中锋和大前锋位置上具有身高优势，但外线队员的身体对抗能力和护球能力一般较差，而传球时缺乏创造力，对时机的把握欠佳，不能最大限度地利用掩护达到战术目的。③

---

① 康俊龙. 第十六届世锦赛中国女篮进攻基础配合对比研究［D］. 北京：北京体育大学，2012.

② 黄学良. 29届奥运会、16届世锦赛中外男篮防守战术基础配合运用对比研究［D］. 成都：四川师范大学，2010.

③ 严元哲. 北京奥运会中外男篮掩护配合统计对比研究［D］. 乌鲁木齐：新疆师范大学，2010.

宋晓红在《中国男篮阵地进攻中个人和基础配合运用现状的研究》中对中国男篮运动员在阵地进攻时个人和小组配合等方面进行研究。结果表明，首先，中国男篮进攻人盯人防守时，阵型主要以 1—4 和 1—2—2 为主，但进攻成功率较低，而在进攻方式的选择方面，主要以基础配合为主，而四种进攻基础配合中以掩护配合为主。其次，中国男篮在进攻区域联防防守时，阵型主要以 1—4、1—2—2 和 1—3—1 为主。进攻成功率最高的阵型是 1—4 落位时，进攻方式以基础配合为主，且成功率高，配合时以传切配合为主要方式。[①]

　　陈京生在《中国男篮 27 届奥运会篮球比赛进攻与防守技、战术分析》中，对第 27 届奥运会男篮比赛中世界顶级强队的进攻和防守战术进行了研究。研究显示，世界强队主要防守战术仍然是半场人盯人防守战术，但更加注重防守过程中战术的质量变化而非数量变化。特别是美国队在与其他队伍比赛时，通常采用攻击性极强的半场扩大紧逼盯人防守战术，与其他世界强队相比中国男篮不但防守质量差而且观念落后。在进攻方式的选择方面，许多强队最多采用的进攻方式是外线队员的个人攻击，其次是内线队员的个人强攻，再次是快攻、二次进攻。个人进攻比率与球队实力和成绩成反比，配合进攻比率与球队实力和成绩成正比[②]。

第二节　三人制篮球战术构成要素与方法

　　三人制篮球与五人制篮球作为篮球运动同样重要的组成部分，在篮球比赛中同样是以技术为基础，在战术指导思想和战术意识支配下队员之间有组织、有意识、有策略地运用技术进行攻防的布阵行动。形式是行动的外在表现，方法是行动的内在要求，而运动员的能力是战术行动的实质。三人制篮球作为技能主导类

① 宋晓红. 中国男篮阵地进攻中个人和基础配合运用现状的研究 [D]. 北京：北京体育大学，2006.
② 陈京生. 中国男篮 27 届奥运会篮球比赛进攻与防守技、战术分析 [J]. 中国体育科技，2001，37 (10)：22-23.

同场对抗运动项目，其战术同样由战术方法、比赛阵型和比赛意识三部分组成。在战术方法方面，根据篮球运动的对抗性特征，现代五人制篮球战术划分为进攻、防守两大系统，而根据配合的人数等将其划分为个人战术（个人进攻行动、个人防守行动）、基础配合（进攻基础配合、防守基础配合）、整体战术（整体进攻战术、整体防守战术）。① 五人制篮球的整体进攻战术和整体防守战术均包括快攻和阵地进攻两部分。三人制篮球虽然是在五人制篮球的基础上发展起来的，但三人制篮球攻守双方比赛时围绕同一篮筐进行，在比赛中不存在快攻，那么其整体战术只有阵地进攻。

一、三人制篮球个人战术

三人制篮球运动中，运动员在整体作战的前提下，在攻守两端可以尽情地发挥自身的才华，创造性地完成进攻和防守，这也是该项目最为突出的特点之一。因此，三人制篮球竞赛中的个人战术是基础配合和全队整体战术的基础，运动员能灵活地应用个人战术对完成基础和整体配合起重要作用。与同场对抗项群的个人战术相同，三人制篮球个人战术分为个人进攻战术和个人防守战术。个人进攻战术包括摆脱、助攻、切入、突破等。个人防守战术包括防守有球队员和防守无球队员等。②

二、三人制篮球小组战术

三人制篮球基础配合是攻守双方两三人之间有目的、有组织的简单配合方法。基础配合是攻防过程中全队整体配合的重要组成部分，不同的整体战术包含不同基础配合的组合。基础配合的质量是评价整体配合水平的重要指标，熟练灵活地在比赛中应用基础配合，对于提高配合水平，赢得比赛起到重要作用。如图 5 - 2 所示，与同场对抗项群其他项目相同，三人制篮球基础配合分为进攻基础配合和

① 孙民治. 篮球运动高级教程 ［M］. 北京：人民体育出版社，2000.
② 田麦久. 项群训练理论 ［M］. 北京：人民体育出版社，1998.

防守基础配合。进攻基础配合包括掩护、传切、策应和突分。防守基础配合包括挤过、绕过、穿过、夹击、关门、补防和交换防守。

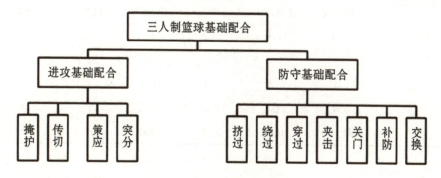

图 5 -2　三人制篮球基础配合

（一）三人制篮球进攻基础配合特征

在五人制篮球进攻基础配合运用方面，在对第 29 届奥运会男篮比赛中四强球队进攻基础配合进行统计后发现，应用比率由高至低分别是掩护配合、突分配合、策应配合和传切配合。[①] 在三人制篮球比赛中，如表 5 - 1 所示，竞赛水平越高，应用进攻基础配合的次数越多，说明高水平运动员能更加善于和合理地应用这些配合，使自己在竞争中占有优势。此外，在这四种配合的运用次数和比率方面由高至低依次是掩护配合、突分配合、传切配合和策应配合。由于场地空间、参赛人数、竞赛方法与五人制篮球不同，传切配合应用次数与比率略高于策应配合。

---

① 　高平. 对抗性亚类项群运动竞赛特征研究［D］. 武汉：武汉体育学院，2009.

表 5 - 1   进攻基础配合统计表

进攻基础配合	2010 年青奥会		2012 年世锦赛		2013 年亚青会	
	场均/次	比率/%	场均/次	比率/%	场均/次	比率/%
掩护	10.1	47.9	13.5	50.9	7.3	38.2
传切	2.7	12.8	4	15.1	2.3	12
策应	1.4	6.6	2.4	9.1	1.7	8.9
突分	6.9	32.7	6.6	24.9	7.8	40.8
总数	21.1	100	26.5	100	19.1	100

1. 三人制篮球掩护配合特征

《篮球运动高级教程》中指出，掩护配合是指掩护队员用自己身体挡住队友防守者的移动路线，使队友借以摆脱对手防守，或利用同伴的身体和位置使自己摆脱防守的一种配合方法。借鉴五人制篮球中对于掩护配合的研究，通过不同的分类标准将掩护配合分成若干类。[①]

按照有球和无球划分：无球队员为有球队员掩护、有球队员为无球队员掩护、无球队员之间掩护；按照掩护队员站在同伴防守者身旁的不同位置划分：侧掩护、前掩护、后掩护；按照参与掩护的人数划分：单人掩护、双人掩护；按照不同的战术变化和跑动路线划分：定位掩护、行进间掩护、运球掩护、假掩护、连续掩护；按照掩护发生的区域划分：共 14 个区域（场地划分与投篮区域划分相同，但无 15 区和 16 区——投篮区和扣篮区）掩护。

掩护配合的相关定义如下。

（1）侧掩护、前掩护、后掩护：当掩护队员站在队员防守者身体侧面做掩护时为侧掩护，前面为前掩护，在后面为后掩护。

（2）单人掩护、双人掩护：一人为队友做掩护时为单人掩护，两人为双人掩护，双人掩护中两名防守队员同时掩护，增加了掩护的面积，使队友更利于摆脱。

（3）定位掩护、行进间掩护、运球掩护、假掩护、连续掩护：定位掩护是指

---

① 梁启普. 世界高水平运动队比赛掩护配合的运用 [D]. 北京：北京体育大学，2010.

掩护队员占定固定位置，被掩护队员向掩护队员靠近，利于掩护摆脱防守的方式。运球掩护是指掩护队员运球靠近被掩护者，然后将球传予队友并挡住队友防守者，使其能够摆脱防守的配合。行进间掩护是指在行进中，掩护队员有意放慢速度，为对手设置障碍，同伴利用掩护摆脱防守的配合。假掩护是指掩护队员做出相应的掩护动作，但只是做虚晃动作，掩护队员顺势随弹出或切入，用以摆脱防守的配合。

在五人制篮球比赛中，无球人之间掩护的次数和比率最高，其次是无球人给有球人做掩护，有球人为无球人做掩护最少。例如，在第 29 届奥运会男篮 20 场比赛中，无球人之间掩护、无球人为有球人掩护和有球人为无球人掩护的比率分别为 71.6%、24% 和 4.3%。[①] 在三人制篮球竞赛中，如表 5-2 所示，最常出现的是无球人给有球人掩护，而有球人为无球人掩护和无球人之间的掩护则较为少见。在三项比赛中，可以发现，有球队员给无球队员掩护的次数场均不到 1 次。因此，无球人给有球人做掩护在掩护中所占比率高于其他两种掩护，是三人制篮球中最为主要的掩护方式。这是由三人制篮球的特点决定的：首先，三人制篮球竞赛过程中进攻的发起主要是在正面和两侧 45°的个人持球突破，突破时也主要以无球进攻队员拉空、持球队员的一对一突破为主，其他时候则需要其中一名无球队友为其做掩护，被掩护者总伺机寻找突破和投篮机会完成进攻。其次，三人制篮球单次进攻时间较短，完成的配合次数少，那么在配合时主要是在有限的进攻时间内围绕持球队员进行，有球人给无球人掩护的次数相应减少。最后，三人制篮球参赛人数较少，相应的每名运动员所占空间较大，在竞赛中无论是在内线还是外线，运动员在相应区域接球的难度小于传统五人制篮球，也就是竞赛中较少应用无球人之间的掩护获得接球机会。

另外，在这三项赛事中，世锦赛场均掩护次数多于其他两项赛事，青奥会其次，而亚青会运用掩护配合的次数最少。说明竞赛水平越高，运动员就越能应用有限的配合时间，进行掩护配合创造进攻机会。另外，如表 5-2 所示，青奥会比赛中无球人之间的掩护较多，这主要是由其规则与另两项赛事的差别决定的。青

---

①　董顺波. 论第 29 届奥运会战术基础配合特点［J］. 首都体育学院学报, 2009, 21（4）: 475-476.

奥会竞赛规则要求在违例、球出界等情况下，发球一方要在边线发球而不是中线附近接对手给球后进攻，此时防守方在场内3名防守队员防守2名进攻队员，进攻队员接球时较多应用掩护接球。

表5-2　掩护方式统计表1

掩护方式	2010 年青奥会		2012 年世锦赛		2013 年亚青会	
（按有无球）	场均/次	比率/%	场均/次	比率/%	场均/次	比率/%
无球给有球	6.6	64.8	11.4	84.3	5.8	79.3
有球给无球	0.6	6.6	0.5	3.7	0	0
无球给无球	2.9	28.6	1.6	12.0	1.5	20.7
总数	10.1		13.5		7.3	

在掩护的人数方面，由于三人制篮球场上进攻时只有3名进攻队员，其中1人为持球队员，那么与传统五人制篮球按掩护人数把掩护分为单掩护、双掩护和多人掩护不同，而三人制篮球仅可分为单掩护和双掩护两类。如表5-3所示，三项赛事的单掩护所占比率均在95%以上，而双掩护比率较低，在比赛中较少出现。这是因为比赛中有球给无球和无球人之间的掩护形式不存在双掩护，只有无球人给有球人进行掩护时才会出现双掩护的情况。此外，三人制篮球比赛中如果出现双掩护，会使持球进攻队员周围聚集更多防守队员，不利于其突破对方防守，而在场地的其他区域没有本方的接应队员也是双掩护出现比率极低的重要原因之一。

表5-3　掩护方式统计表2

掩护方式	2010 年青奥会		2012 年世锦赛		2013 年亚青会	
（掩护人数）	场均/次	比率/%	场均/次	比率/%	场均/次	比率/%
单掩护	10	98.9	12.9	95.4	23	100
双掩护	0.1	1.1	0.6	4.6	0	0
总数	10.1		13.5		7.3	

从战术变化方面分析，五人制篮球竞赛中定位掩护与连续掩护为主要掩护方式。在三人制篮球比赛中，如表 5 - 4 所示，几乎 85% 以上的掩护均为定位掩护，掩护队员站定掩护位置后，被掩护队员以其作为屏障进行突破和投篮，这种形式是比赛中最主要的掩护形式，而其他掩护形式出现比率较低，场均不超过 1 次。连续掩护在三人制篮球比赛中应用比率较低的原因有两方面：第一，连续掩护需要多名队员协调配合。在五人制篮球中，连续掩护包括被掩护队员利用几个定位掩护摆脱防守，以及一名掩护队员通过调整位置反复为同一队员作掩护都属于连续掩护，但在三人制篮球中几乎不存在第一种情况。第二，当一名队员为队友定位掩护时，由于时间和空间原因，被掩护者在定位掩护到位后更多地立即选择突破和投篮，而掩护者掩护后也第一时间选择向内切入或向外拉出；运球掩护较少的原因是所有三人制篮球的配合都围绕有球队员进行，有球队员更多地选择运球突破和运球急停投篮，较少再消耗进攻时间运球为其他队员作掩护；行进间掩护在五人制篮球比赛中主要出现在运球向前场推进时，当遭遇对方后卫紧逼时以本方向前场运动的队员为屏障将球顺利推进至对方半场。而三人制篮球双方攻防围绕同一球篮，进攻方向一致，不存在向对方半场推进，那么在三人制篮球比赛中行进掩护较少出现。另外，三人制篮球进攻队员跑动时相互交叉较少，这也是行进间掩护较少的重要原因之一；在三人制篮球比赛中假掩护较少的原因是三人制篮球限制区内补防的防守队员较少，且移动距离远，篮下补防较困难，那么当掩护队员的防守者在其做掩护时，特别注意阻断掩护队员向篮下内切的路线，使掩护队员很难做掩护时虚晃一下向内切。

表 5 - 4   掩护方式统计表 3

| 掩护方式 | 2010 年青奥会 | | 2012 年世锦赛 | | 2013 年亚青会 | |
（战术变化）	场均/次	比率/%	场均/次	比率/%	场均/次	比率/%
定位掩护	6.2	86.2	10	84.2	5	87
运球掩护	0.7	9.2	0.5	4.2	0	0
行进间掩护	0	0	0.3	2.1	0.5	8.7

掩护方式	2010 年青奥会		2012 年世锦赛		2013 年亚青会	
（战术变化）	场均/次	比率/%	场均/次	比率/%	场均/次	比率/%
连续掩护	0.1	1.5	0.3	2.1	0	0
假掩护	0.2	3.1	0.9	7.4	0.3	4.3

按掩护队员所站位置对掩护进行研究时，由于在给有球队员定位掩护时，可以清晰地判断掩护者所站位置，因此本文对此方面的研究仅限于给有球队员定位掩护。在五人制篮球比赛中，侧掩护应用次数和比率最高，其次是前掩护，后掩护最少。例如，第 29 届奥运会男篮四强所有比赛中，运用侧掩护、前掩护和后掩护的比率分别是 70%、20% 和 10%。同样，在三人制篮球比赛中，如表 5-5 所示，侧掩护的应用比率在 90% 左右，而前掩护和后掩护的应用比率较低。这是由于前掩护有利于队员投篮，而无法给队员创造更好的突破机会，而后掩护与之相反，队员虽无较好的出手机会，但更利于突破。侧掩护作为篮球比赛中最为常见的掩护形式，虽为队员创造投篮机会效果差于前掩护，创造突破机会差于后掩护，但侧掩护可以同时为队员创造较好的投篮和突破机会。由于三人制篮球三分线外分值比例较高，而且突破上篮也是最常规的得分方式，那么在掩护时通常选择既有利于队员突破，同时也有利于投篮的掩护方式。

表 5-5　掩护方式统计表 4

掩护方式	2010 年青奥会		2012 年世锦赛		2013 年亚青会	
（掩护位置）	场均/次	比率/%	场均/次	比率/%	场均/次	比率/%
侧掩护	5.6	89.3	9	90	4.5	90
前掩护	0.4	7.1	0.4	3.8	0.25	5
后掩护	0.2	3.6	0.6	6.2	0.25	5

从掩护的区域分析三人制篮球掩护，本书对掩护区域的划分与投篮区域划分

相同，只是没有 15 区上篮区和 16 区扣篮区。我国学者曾用同样的区域划分方法对第 29 届奥运会男篮比赛中各队掩护区域进行研究。研究结果发现，8 区和 3 区为发生掩护最频繁的区域。例如，在 8 区和 3 区掩护发生的比率，西班牙队为 15.5% 和 21.4%，立陶宛队为 10.3% 和 35.5%，中国队为 20.0% 和 15.5%。与之相同，如表 5-6 所示，在三人制篮球比赛中，50% 以上的掩护出现在 8 区，这是因为 8 区位于三分线内罚球线以上区域，是内线与外线以及左右场区的结合部位，是防守队员防守的难点，那么进攻方也深知此区域的重要性，较多地在这一区域进行掩护从而创造进攻机会；在青奥会和世锦赛中，7 区的掩护数量仅次于 8 区，由于该区在篮球运动中被称为"肋部"，在此区域容易出现位置不清、分工不明的状况，是防守的薄弱环节；1 区、5 区、6 区、10 区掩护次数接近于 0，说明 1 区、5 区位于低角，6 区、10 区位于底线，做掩护时导致拥挤或形成夹击，容易造成掩护的失败。

另外，三人制篮球世锦赛作为最高水平的赛事，相对于其他两项赛事，掩护分布范围较为广泛，特别是在 2 区、3 区、4 区，无论是次数还是比率均高于其他赛事，主要因为这 3 个区域为正面和两侧 45° 的三分线外投篮区。世锦赛比赛中，外线队员的移动多在此区域，且这些高水平运动员外线投篮能力较强，防守队员在这三个区域也进行贴身防守，那么一些掩护就出现在此区域。

表 5-6 掩护区域统计表

掩护区域	2010 年青奥会		2012 年世锦赛		2013 年亚青会	
	场均/次	比率/%	场均/次	比率/%	场均/次	比率/%
1 区	0	0	0	0	0	0
2 区	0.3	3.3	1.1	8.3	0	0
3 区	0.3	3.3	1.5	11.1	1.5	20.7
4 区	0.6	5.5	1.3	9.3	0	0
5 区	0	0	0	0	0	0
6 区	0	0	0.3	1.9	0	0

掩护区域	2010 年青奥会		2012 年世锦赛		2013 年亚青会	
	场均/次	比率/%	场均/次	比率/%	场均/次	比率/%
7 区	1.3	13.2	1.1	8.3	0	0
8 区	6.7	66	7.5	55.6	5	69
9 区	0.2	2.2	0.3	1.9	0	0
10 区	0	0	0.1	0.9	0	0
11 区	0.1	1.1	0.1	0.9	0.5	6.9
12 区	0.2	2.2	0.1	0.9	0.3	3.4
13 区	0.1	1.1	0.1	0.9	0	0
14 区	0.2	2.2	0	0	0	0

2. 三人制篮球传切配合特征

传切配合是指进攻队员之间利用传球技术和切入技术组成的进攻基础配合。包括一传一切和空切两种类型。一传一切是指持球队员传球后，利用假动作或速度进行摆脱，向篮下切入后再接球进行投篮的配合方法。按切入的方向，一传一切配合分为横切和纵切。空切配合是指无球队员摆脱防守队员，向防守薄弱区域切入并接球投篮的配合。在五人制篮球比赛运用传切配合时，较少出现一传一切，以第 29 届奥运会男篮比赛为例，一传一切仅为场均 1.2 次，比率为 11.7%。在三人制篮球比赛的传切配合中，如表 5 - 7 所示，空切配合所占比率均在 85% 以上，而横切和纵切所占比率和场均次数极低，甚至可以忽略不计。由于三人制篮球比赛场地较为空旷，篮下防守薄弱，补防和协防移动距离较长。防守无球进攻队员时防守队员通常选择较远的防守距离，那么由于防守距离较远，进攻队员很难寻觅机会进行传切配合。而空切的机会也主要是防守队员协防或补防时迅速调整位置切入篮下。在三人制篮球比赛中进攻时间短，当持球队员把球传给队友后，接球队员大多数情况下选择外线投篮或接球突破，这也是横切和纵切比率较低及次数较少的主要原因。

表5-7 传切方式统计表

传球配合方式	2010 年青奥会		2012 年世锦赛		2013 年亚青会	
	场均/次	比率/%	场均/次	比率/%	场均/次	比率/%
空切	2.3	85.7	3.4	85	2.3	100
横切	0	0	0.2	5	0	0
纵切	0.4	14.3	0.4	10	0	0
合计	2.7		4		2.3	

3. 三人制篮球策应配合特征

策应配合是进攻队员背对篮接球后，以自己为轴，与同伴造成各种进攻机会而形成的一种进攻基础配合。根据不同的策应位置可分为内策应与外策应（也称低策应和高策应）。低策应是策应的区域在限制区两侧，一般由外线队员与内线攻击能力较强的内线队员形成的配合。高策应是策应的区域在罚球线外附近的位置，一般由外线队员与技术较为全面、掌握一定外线技术的内线队员形成的配合。在五人制篮球运用策应配合时，低策应的运用次数和比率高于高策应。例如，在第29届奥运会男篮比赛中，高策应和低策应的应用比率分别为47.5%和53.5%。与之相反，在三人制篮球竞赛过程中的策应配合是以高策应为主，如表5-8所示，在三项赛事中其比率均在70%以上，而低策应的应用比率较低。其主要原因：首先，由于三人制篮球竞赛人数较少，相对场地较为空旷，在竞赛过程中内线队员经常上提至罚球线接球以拉空限制区，其他两名进攻队员则围绕持球队员进行配合，或接球投篮或接球突破，这使得高策应的次数和比率都较高。其次，由于防守队员之间距离较远，协防的难度较大，内线队员在低位接球后，有较大空间和较好时机进行低位单打进攻，而较少传予队友，这使得低策应的次数和频率较低。

表5-8　策应方式统计表

策应配合方式	2010 年青奥会		2012 年世锦赛		2013 年亚青会	
	场均/次	比率/%	场均/次	比率/%	场均/次	比率/%
高策应	1.1	78.6	1.7	70.8	1.3	76.5
低策应	0.3	21.4	0.7	29.2	0.4	23.5
总数	1.4		2.4		1.7	

4. 三人制篮球突分配合特征

突分配合是有球队员持球或运球突破后，主动地或应变地通过传球与队友进行配合的方法。本书按突破分球时传球落点的位置分为突分传内和突分传外。突分传内是突破后将球传至三分线以内，而突分传外是突破后将球传至三分线以外。在五人制篮球比赛中，运动员突分传内的比率高于突分传外。例如，在第 29 届奥运会男篮比赛中突分传内和突分传外的比率分别是 56.6% 和 43.4% 。与之相反，如表 5-9 所示，在三人制篮球比赛中突分传外的次数和比率高于突分传内。说明在三人制篮球比赛中当突破较深时通常选择上篮，而当突破至距离篮筐有一定距离时，由于防守队员的收缩防守，传球传至三分线内有利位置的难度较大，而更多选择将球传至三分线以外。

表5-9　突分方式统计表

突分次数	2010 年青奥会		2012 年世锦赛		2013 年亚青会	
	场均/次	比率/%	场均/次	比率/%	场均/次	比率/%
场均突分次数	6.9	100	6.6	100	7.8	100
突分传内	2.2	31.9	3.2	48.5	2.8	35.9
突破传外	4.7	68.1	3.4	51.5	5	64.1

（二）三人制篮球防守基础配合

防守基础配合是指防守队员之间为了破坏对方的进攻配合或当同伴防守出现困难时及时协作的配合方法。抢过是指防守者在掩护者靠近自己时，贴近自己的防守对象，从掩护者身体前面抢过，继续防守的配合方法；绕过是指当进攻队员掩护时，防守做掩护的队员主动让队友从自己身后绕过，继续防守的配合方法；穿过是指当进攻队员掩护时，防守做掩护的队员要提醒队友后撤一步，让同伴从自己与掩护队员之间穿过，继续防守的配合方法；交换是指破坏进攻掩护时，防守队员之间交换自己防守对手的一种配合方法；夹击是指两名防守队员积极防守一名进攻队员的配合方法；补防是指防守队员在队友漏防时，立即放弃自己防守人，去补最有威胁进攻者的配合方法；关门是指两名防守队员主动靠近协同防守突破的配合方法。防守基础配合中抢过、绕过、穿过、交换和夹击主要用于破坏对手的掩护配合，而在五人制篮球比赛中也常用延误去破坏对手的掩护配合。延误是指防守做掩护队员的防守者主动上提延误对手的突破，给队友争取继续防守自己对手的时间，上提后再继续防守自己对手的配合方法。[1]

五人制篮球在防守基础配合方面，对第 29 届奥运会和第 16 届世锦赛中外男篮防守基础配合的运用情况进行研究，研究发现补防配合、交换配合、夹击配合占总数的 70% 以上。[2] 补防配合的运用次数和比率最高，其次是交换配合和夹击配合。与之相对应，在三人制篮球的防守基础配合中，如表 5 – 10 所示，补防的次数和比率是最高的，这主要是三人制篮球比赛中攻防都以一对一为主，而突破是最为重要的进攻手段。

① 何百山. 第 29 届奥运会中国男篮与赛队防守战术基础配合的研究［D］. 北京：北京体育大学，2011.

② 黄学良. 29 届奥运会、16 届世锦赛中外男篮防守战术基础配合运用对比研究［D］. 成都：四川师范大学，2010.

表 5-10　防守基础配合统计表

防守基础配合	2010 年青奥会		2012 年世锦赛		2013 年亚青会	
	场均/次	比率/%	场均/次	比率/%	场均/次	比率/%
挤过	2.5	11.6	3.2	14	2	10.4
绕过	0.4	1.9	0.5	2.2	0.3	1.6
穿过	0.4	1.9	1.3	5.7	1	5.2
交换	3.5	16.3	6.3	27.6	2	10.4
延误	1	4.7	0.8	3.5	0.3	1.6
夹击	1.4	6.5	1.3	5.7	1.6	8.3
补防	8.5	39.5	7.4	32.5	8.7	45.3
关门	3.8	17.7	2	8.8	3.3	17.2
总数	21.5	100	22.8	100	19.2	100

当进攻队员进行突破而自己的防守队员失去防守位置时，需要队友及时进行补防；防守掩护配合时的几种基础配合中，防守队员最常用交换和挤过配合。其主要原因是现代篮球外线队员的远投能力越来越强，防守者在防守外线的掩护配合时，通常选择挤过或交换。而五人制篮球中，在进攻队员应用掩护配合时，防守队员除应用挤过和交换配合，较多应用延误和夹击配合。而在三人制篮球中，由于 2 名防守队员延误和夹击时仅有 1 名队员进行轮转补防，难度较大，故相应地较少应用这两种配合防守对方掩护配合。

三、三人制篮球整体战术

（一）三人制篮球进行整体战术配合时应注意的问题

三人制篮球场上的三名队员要保持适当的距离，以保证各种战术实施的有效性；战术打法要目的明确，要保持配合时的灵活性和连贯性；把拼抢篮板球也纳入整体战术配合中；在攻守转换时，所有运动员要分工明确，要根据本方与对手的实际情况，合理运用基础配合，做到左右联系、内外结合，扩大攻击面。

（二）三人制篮球的分工与人员配置

许多对三人制篮球位置分工的研究中仍然沿用五人制篮球位置的划分方法，将三人制篮球运动员同样划分为前锋、中锋和后卫。然而，在大多数情况下不存在中锋、前锋和后卫同时在场上比赛的情况。存在 2 后卫—1 前锋、2 前锋—1 后卫、2 前锋—1 中锋、2 后卫—1 中锋、2 中锋—1 前锋、2 中锋—1 后卫、中锋—前锋—后卫等形式。这显然是不合理的一种位置划分方法，而本书在上文中将三人制篮球运动员仅划分为外线运动员与内线运动员。①

在各队的人员配置方面，由于规则规定每队参赛队员为 4 名，而场上竞赛的运动员是 3 名，那么更多的情况下队员的配置是 2 名外线队员与 2 名内线队员或 3 名外线队员与 1 名内线队员。在场上的人员配置较为合理的是 2 名外线队员与 1 名内线队员、2 名内线队员与 1 名外线队员。在有些特殊情况下，例如内线队员犯规过多或战术的要求，也会出现 3 名外线队员同时比赛的情况。这种配置要求其中一名外线队员要身材较为高大，在进攻时可以以外线进攻为主，防守时要主防对方高大的内线队员。但 3 名内线队员同时出现在场上的情况较为少见，这就要求这 3 名队员不但要拥有全面的技术，也要具备一定的移动能力，才能适应场上的大范围的移动和快速的攻防转换。

（三）三人制篮球整体进攻战术

1. 三人制篮球整体进攻战术落位

在三人制篮球竞赛过程中，一方只有 3 个人，但在进攻时的落位却是千变万化的，本研究仅对常见落位方式进行介绍。本研究中①、②、③为外线运动员，④、⑤、⑥为内线运动员。

（1）2 外线—1 内线情况下的落位

1）3 名队员在场地一侧的落位（图 5－3、图 5－4）

当 2 外线—1 内线队员的配置在球场一侧落位时，阵型通常呈现明显的三角

---

① 马冀平. 街头篮球战术秘籍 [M]. 北京：北京体育大学出版社，2004.

形。当内线队员落在限制区附近低位时，进攻多以其内线单打进攻为主，而配合时则多以外线队员的无球掩护，以及与内线队员的策应配合为主；当内线队员落位至罚球线高位时，配合多以内线队员与外线队员的传切和策应配合为主要配合方式。

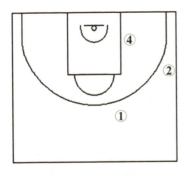
图5-3　落位图1

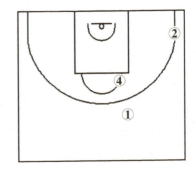
图5-4　落位图2

2）3名队员在场地两侧落位（图5-5～图5-9）

当2外线—1内线队员的配置在球场两侧落位时，如果内线队员落位在高位，则较多的配合是拉空内线，内线队员与外线队员进行掩护配合，使外线队员有机会突破上篮得分和进行突分配合。此外，外线队员之间围绕着内线队员的交叉掩护也是这种落位的主要配合方式。

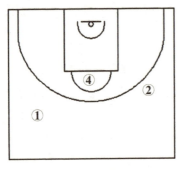
图5-5　落位图3

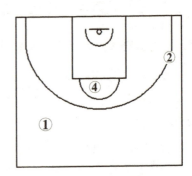
图5-6　落位图4

当内线队员落在限制区附近低位时，进攻队员之间距离较远，进攻多以外线队员的一对一突破和内线队员的内线单打为主，而进行配合时以低位内线队员为靠近端线的外线队员的掩护配合为主。

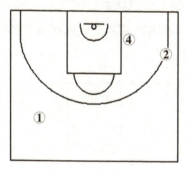

图 5-7 落位图 5

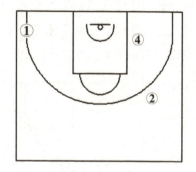

图 5-8 落位图 6

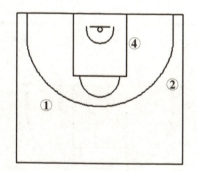

图 5-9 落位图 7

（2）2 内线—1 外线情况下的落位

1）3 名队员在场地一侧落位（图 5-10）。

当两名内线队员一高一低落位时，配合的方式以位于高位的内线与外线队员的掩护配合和外线队员与低位内线队员的突分配合为主。此外，内线队员之间在无球掩护后的接球之间进攻也是此种落位的主要配合方式。

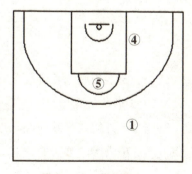

图 5-10 落位图 8

2）3 名队员在场地两侧落位（图 5 – 11 ～ 图 5 – 13）

当两名内线队员一高一低落位时，其主要配合与 3 名队员落位在场地同一侧时基本相同；当两名内线队员分别落位在限制区两侧的低位时，进攻则以外线队员的突破上篮和内线队员的内线单打为主，配合则以外线队员与内线队员的突分配合以及两内线队员之间的无球掩护配合为主；当两名内线队员同时在高位落位时，配合则以两名内线队员与外线队员的高位双掩护为主。

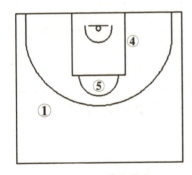

图 5 – 11　落位图 9

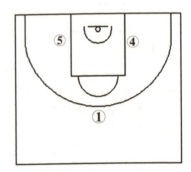

图 5 – 12　落位图 10

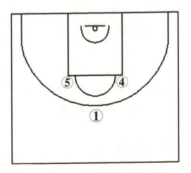

图 5 – 13　落位图 11

（3）3 名外线队员情况下的落位

1）3 名队员在场地一侧落位（图 5 – 14、图 5 – 15）

当 3 名外线队员落位在场地同一侧时，相互距离较近，以队员之间的掩护配合以及突分配合为主要配合方式。

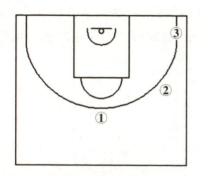

图 5 - 14　落位图 12

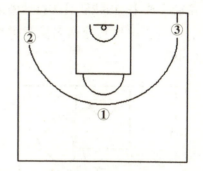

图 5 - 15　落位图 13

2）3 名队员落位在场地两侧（图 5 - 16 ~ 图 5 - 17）

当 3 名外线队员落位在场地两侧时，队员之间距离远，整个三分线内的区域被拉空，加大了防守队员协防、补防的难度，可以充分发挥 3 名外线队员突破能力强的特点，所以这种落位进攻以外线队员的突破上篮为主，配合以外线队员之间的突分配合。

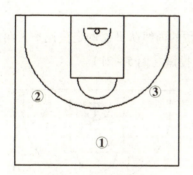

图 5 - 16　落位图 14

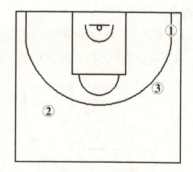

图 5 - 17　落位图 15

2. 不同人员配置的主要进攻配合方法①

（1）2 外线—1 内线主要配合方法

配合方法 1：内线队员④为外线队员①做后掩护，①利用掩护向内线突破，当遇到防守②的防守队员协防时将球传予队员②，②接球后投篮（图 5 - 18）。

① 王梅珍. 篮球 3 对 3 比赛技巧［M］. 北京：人民体育出版社，2001.

配合方法 2：内线队员④持球做策应，外线队员①和外线队员②为④做交叉掩护，队员④根据其他两名队员的配合情况，适时将球传予出现机会的队员（图5－19）。

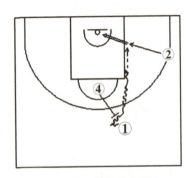

图5－18　整体战术图1

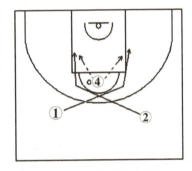

图5－19　整体战术图2

配合方法 3：外线队员②为外线队员①做侧掩护，队员①利用队员②的掩护向内线突破，当遇到低位内线队员④的防守队员的补防时，将球传予队员④，④接球后投篮（图5－20）。

配合方法 4：队员①持球，队员②利用低位的内线队员④的定位掩护，向篮下切入，队员①将传予切入的队员②，②接球后投篮（图5－21）。

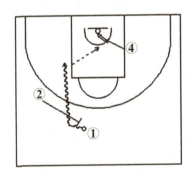

图5－20　整体战术图3

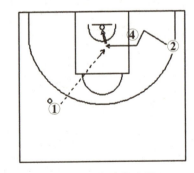

图5－21　整体战术图4

（2）2 内线—1 外线主要配合方法

配合方法 5：外线队员①持球，内线队员④给内线队员⑤做下掩护，或者⑤给④做上掩护，队员①适时将球传予做掩护的两名内线队员（图5－22）。

配合方法6：内线队员④和内线队员⑤在高位为外线队员①做高位的双掩护，队员①利用掩护向一侧突破，队员④和队员⑤掩护后内切，队员①根据防守情况，选择突破上篮或将球分给其他两名队友（图5-23）。

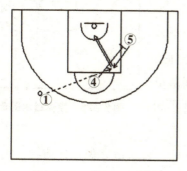
图5-22 整体战术图5

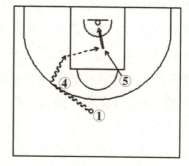
图5-23 整体战术图6

配合方法7：当低位的内线队员④接球困难时，横向移动为同样低位的内线队员⑤做横向的无球掩护，队员⑤利用掩护向篮下切入，接队员①传球投篮（图5-24）。

配合方法8：内线队员④和内线队员⑤在限制区附近低位落位，给外线队员①更大的突破空间，①凭借运球技术和速度，向篮下突破，当遇到队员④或队员⑤的防守队员补防时，根据情况将球传予队员④或队员⑤（图5-25）。

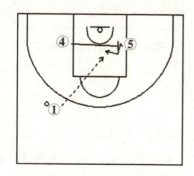
图5-24 整体战术图7

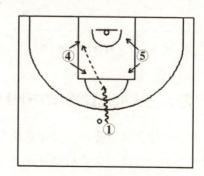
图5-25 整体战术图8

（3）3名外线队员主要配合方法

配合方法9：队员②将球传予外线队员③，然后为外线队员①做无球掩护，队员①利用掩护向内线空切，接队员③的传球后投篮（图5-26）。

配合方法10：外线队员②和外线队员③拉空整个三分线内区域，给外线队员①更大的突破空间，①凭借运球技术和速度，向篮下突破，当遇到队员②或队员③的防守队员补防时，将球传予队员②和队员③（图5-27）。

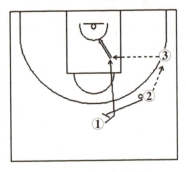

图5-26 整体战术图9

配合方法11：外线队员①向队员②方向运球，为队员②做运球掩护，队员②利用掩护并接①传球后向内线突破，队员③调整位置接队员②传球投篮（图5-28）。

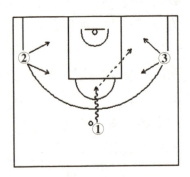

图5-27 整体战术图10

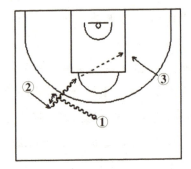

图5-28 整体战术图11

（四）三人制篮球整体防守战术

在三人制篮球竞赛中，大多数情况下的防守采用人盯人防守，而这种人盯人防守是每名防守队员负责盯防一名进攻队员的一种整体防守战术。这种防守战术具有分工明确、针对性和互补性强的特征，它也是五人制篮球应用最多的一种防守战术，是各种防守战术的基础。这种防守战术要求每个防守者都要明确自己的对手，在最短时间快速掌握对手的进攻特点，并在防守过程中根据对方的特点，及时调整自己和全队的防守策略。在半场的人盯人防守中，可划分为半场扩大人盯人防守和半场缩小人盯人防守。扩大人盯人防守是扩大到整个场地进行人盯人防守，而缩小人盯人防守是在三分线一带进行人盯人防守。由于三人制篮球场上人数较少，队员协防、补防困难，那么防守队员通常在三分线附近防守自己的对手，更多地选择缩小人盯人防守。

　　此外，在一些特殊情况下，三人制篮球会采用一些五人制篮球不具有的防守战术。例如，在三人制篮球比赛中，规则规定当竞赛的一方 4 名队员中有 2 名犯满罚下时，该队 2 名队员要与对方 3 名队员进行竞赛，而这种情况在 2013 年亚青会三人制篮球男子比赛（中国台北与菲律宾、韩国与伊拉克）中出现过。人数多的一方防守时通常采用两人对持球队员进行夹击，而另一名防守队员防守另一名进攻队员。相对应的是人数少的一方通常采用收缩的区域防守，在给持球队员一定压力的情况下重点保护篮下。

第六章

世界三人制篮球主要赛事竞赛规则

第一节　**FIBA** 三人制篮球竞赛
规则与注意事项

一、FIBA 三人制篮球竞赛规则

第一，球场和比赛用球：比赛应在拥有一个球篮的三人制篮球比赛场地上进行。标准的三人制篮球比赛场地规格应为 15 m（宽）×11 m（长）。场地须具有一个标准篮球场尺寸的区域，包括一条罚球线（5.80 m）、一条两分球线（6.75 m）以及球篮正下方的一个"无撞人半圆区"。所有级别的比赛应统一使用三人制篮球比赛官方专用球。

第二，球队：每支球队应由 4 名队员组成（其中 3 名为场上队员，1 名为替补队员）。

第三，裁判团队：比赛裁判团队应由 1 名或 2 名临场裁判员以及计时员/记录员组成。

第四，比赛的开始：比赛开始前，双方球队应同时进行热身。双方球队以掷硬币的方式决定第 1 次球权归属。获胜一方可以选择拥有比赛开始时的球权或拥有可能进行的决胜期开始时的球权。每队必须有 3 名队员在场上才能开始比赛。

第五，得分：每次在圆弧线以内区域出手中篮，计 1 分。每次在圆弧线以外区域出手中篮，计 2 分；每次成功罚球，计 1 分。

第六，比赛时间/比赛胜者：常规的比赛时间为 10 分钟，在死球状态下和罚球期间应停止计时钟。在双方完成一次交换球后，当进攻队员获得防守队员的传球时，应立即重新开动计时钟。然而，如果在常规比赛时间结束之前，某队率先得到 21 分或以上则获胜。该规则仅适用于常规的比赛时间（而不适用于可能发生的决胜期）。如果常规比赛时间结束时比分相等，则应进行决胜期比赛，决胜期开始前应有 1 分钟的休息时间；在决胜期中率先取得 2 分的球队获胜。在预定的比赛开始时间，如果某队在赛场准备开始比赛的队员不足 3 名，则该队因弃权使比赛告负。在因弃权而使比赛告负的情况下，比赛得分应记录为 W-0 或 0-W（"W"代表胜）。如果某队在比赛结束前离开场地，或该队所有的队员都受伤了和/或被取消了比赛资格，则该队因缺少队员使比赛告负。在因缺少队员使比赛告负的情况下，胜队可以选择保留该队的得分或使比赛作对方弃权处理，同时因缺少队员使比赛告负的球队得分应登记为 0。某队因缺少队员使比赛告负或以不正当的方式弃权而告负，将取消该队在整个赛事的参赛资格。

第七，犯规/罚球：球队累计犯规达到 6 次后处于全队犯规处罚状态。对在圆弧线以内做投篮动作的队员犯规，应判给 1 次罚球。对在圆弧线以外做投篮动作的队员犯规，应判给 2 次罚球。对正在做投篮动作的队员犯规，如果球中篮应计得分，并追加 1 次罚球。全队累计第 7、第 8 和第 9 次犯规，判给对方 2 次罚球。全队累计第 10 次及随后的犯规，判给对方 2 次罚球和球权。此条款也适用于对在做投篮动作队员的犯规。所有的技术犯规总是判给对方 1 次罚球以及随后的球权，所有的违反体育运动精神的犯规总是判给对方 2 次罚球及随后的球权。执行技术犯规或违反运动精神的犯规产生的罚球之后，比赛将以互为对方队员之间在场地顶端圆弧线外交换球的方式继续进行。

第八，如何打球：在每一次投篮中篮或最后一次罚球中篮后（除非某队拥有随后的球权），非得分队的一名队员在场内球篮下方（而非端线以外），将球运或传至场地圆弧线外的任意位置继续进行比赛。此时，防守队不得在球篮下方的"无撞人半圆区"内抢断球。在每一次投篮没有中篮或最后一次罚球没有中篮后（除非某队拥有随后的球权），如果进攻队抢到篮板球，则可以继续投篮，不必将球转移至圆弧线外。如果防守队抢到篮板球，则必须将球转移出圆弧线外（通过运球或传球的方式）。如果防守队通过抢断或者封盖获得控制球，则必须将球转移出圆弧线外（通过运球或传球的方式）。死球状态下给予任意一队的球权，应以双方在场地顶端的圆弧线外交换球开始，即一次场地顶端圆弧线外（防守队与进攻队队员之间）的传递球。当队员任意一只脚都不在圆弧线以内或踏及圆弧线，就被认为"处于圆弧线外"；发生跳球情况时，由此前场上的防守队获得球权。

第九，拖延比赛：拖延或消极比赛（即不尝试得分）应判违例。如果比赛场地装备了进攻计时钟，则进攻队必须在 12 秒之内尝试投篮（在弧顶防守队向进攻队传递球后或在球篮下对方投中篮后）。一旦进攻队员持球，12 秒计时钟应立刻开启。如果进攻队员使球出圆弧线后，一名进攻队员在圆弧线内背向或侧向球篮运球超过 5 秒，则将被认为是一起违例。

第十，替换：当球成死球并且双方完成交换球或执行罚球之前，允许任一队替换队员。替补队员在其队友离开场地并与之发生身体接触后，方可进入比赛场地。替换只能在球篮对侧的端线外进行。替换无须临场裁判员或记录员发出信号。

第十一，暂停：每支球队拥有 1 次暂停机会。死球状态下任何一队队员均可以请求暂停。若进行媒体转播，主办方可决定是否运用 2 次媒体暂停，在所有比赛中，2 次媒体暂停机会分别为比赛计时钟显示 6：59 和 3：59 后的第一次死球期间。每次暂停应持续 30 秒钟。

第十二，申诉程序：如果某队认为裁判员的某个宣判或在比赛中发生的任何事件已对该队不利，则必须按照以下程序进行申诉：首先，在比赛结束后、裁判员签字前，该队队员应立即在记录表上签字。其次，赛后 30 分钟之内，该队应提交一份申诉的书面确认函，并且交付竞赛主管 200 美元保证金。如果申诉被采纳，则该笔保证金予以退回。最后，比赛录像仅用于决定最后一次投篮是否于比赛结束前出手，以及/或者该投篮应该得 1 分或 2 分。

第十三，球队的名次排列：下列原则将适用于小组赛和赛事整体的球队名次排列。如果双方在第一步的比较后依旧持平，则进行下一步的比较，以此类推。首先，获胜场次最多（或在参赛队伍数量不同的小组之间使用胜率比较）。其次，相互之间比赛结果（只考虑胜负，仅适用于小组排名）。最后，场均得分最多（不包括因对方弃权而获胜的得分）。如果经上述 3 个步骤的比较后，球队间依旧持平，则具有更高种子队排位的球队名次列前。

第十四，种子队排位规定：种子队排位依据球队相关排名积分确定（参加比赛前该队最好三名队员个人积分总和即为该队排名积分）。如果排名分数相同，种子队排位将在比赛开始前随机决定。

第十五，取消比赛资格：队员累计两次违反体育运动精神的犯规（不适用于技术犯规），在其被裁判员取消比赛资格的同时也可被比赛组织方取消其在该赛事中的参赛资格。赛事组织方将立即取消一切涉及暴力行为、言语或肢体攻击行为、不正当影响比赛结果、违反国际篮联反兴奋剂条例（国际篮联内部规章第四卷）或国际篮联的体育运动精神的准则队员的比赛资格。竞赛组织方有权根据其他球队成员的参与程度，包括对上述举动（不作为）而取消全队的参赛资格。

第十六，12 岁以下组别比赛规则：对于 12 岁以下年龄段的比赛，建议将规则进行如下调整：首先，在可能的范围内，可将球篮高度降至 2.60 米。其次，决胜期中，首先得分的球队获胜。最后，不使用进攻计时钟，若球队不主动进攻球篮，裁判员使用 5 秒钟倒计时的方式进行警告。

二、比赛注意事项

（一）认真研究比赛规则

在报名参加三人制篮球比赛之前，队员一定要熟悉比赛组织者拟定的竞赛规程。竞赛规程会对本次比赛的时间、地点、参赛运动员组别划分及条件、报名办法、竞赛方法、奖励、竞赛规则等一系列运动员须知的问题做出详细的说明与介绍；三人制篮球比赛规则除执行当年的国际篮联规则外，还有特殊的规则需要特别注意，所以参赛者一定要深入地了解与学习该次比赛规则。为了能够更好地执行并利用规则，每名队员都必须认真地研读规则；不同的竞赛规则其倾向性也存在一定的区别，有的鼓励进攻，有的鼓励防守，所以，一定要对比赛规则进行认真研究，从而参照具体的规则、场地、日程安排、对手的特点等综合因素来制定比赛相应的策略。

（二）加强对对手的了解

临时集中的赛会制是目前世界三人制篮球比赛通常采用的竞赛方法，报名参赛的队伍中，除少数队员之前有过合作外，大多是临时组建的团队。因此，赛前需要注意收集对手的情报，才能更好地了解对手、研究对手，做到知己知彼、百战不殆。"大处着眼，小处着手"是研究对手时通常坚持的原则。第一，要着眼于对手的进攻与防守配合情况（特点、弱点等）；第二，对每个队员（尤其是最有威胁的队员）的特点和弱点进行深入分析；第三，还要对对手及团队内在的精神面貌有所了解，如拼搏精神、意志品质、团队精神、心理素质等。总之，深入全面地了解对手的特点和弱点，就可以根据双方的具体情况有效地制定出有针对性和目的性的比赛方案。

（三）开局力争先发制人

三人制篮球比赛通常是遭遇战，所以务必要在开局占据一定的优势。开局就要力求提升团队的协作能力，拼防守，拼篮板，重视罚球，以我方为主，提高整个团队的拼搏气势，打出自己的特点，占据场上优势的制高点。在掌握了场上的主动权之后，一定要再接再厉，及时扩大战果，拉开比分差距，巩固胜利果实。比赛中，扩大战果可以采用以下几种方式：第一，打压对手士气，抓住对方士气低落、情绪急躁、犯规较多的特点，加快进攻节奏、敢于投篮；第二，对手逐渐适应了本队的进攻打法，要注意对本队的战术进行及时调整；第三，利用对手急于追分心理，适时地控制比赛的速度，打击对手的积极性。

（四）学会利用比赛规则

当比赛双方处于胶着的时候，一定要保持冷静，尤其要注意时间、比分、球权三者之间的关系，巧妙利用规则，采取有效措施，通过坚持不懈地努力，取得最终的胜利。例如，三人制篮球有一条规则是"防守队员抢到篮板球或抢断球后，必须迅速将球运出或传出三分线外方可投篮，否则判违例"。了解此规则后，赛前可做好分工，一旦在防守时抢到篮板或抢断球，立即传球给埋伏在三分线外投篮准的同伴，从而使本队收获一次很好的远投机会。

（五）认真对待每场比赛

三人制篮球比赛要求每个队员都要具有顽强的意志品质和勇于拼搏的精神，只要上场，就要有敬业精神，全力拼搏地打好每一场球。比赛有胜负，这只是短暂的激情，重要的是全身心投入比赛的过程，尽情展示自我风采，在比赛中享受拼搏和成长的乐趣，享受篮球运动带来的动感激情。

第二节　其他三人制篮球赛事规则

一、BIG 3 职业联赛规则

BIG 3 职业联赛作为全世界开展最为成功的三人制篮球职业联赛，2017 年由前 NBA 传奇球星 Allen Iverson 和美国著名说唱歌手 Ice Cube 创办，并由专业化团队对联赛进行运营。BIG 3 职业联赛通过创新赛制、球员选秀、分享机制等一系列措施吸引观众、促进联赛发展。BIG 3 职业联赛由 12 支职业球队构成，赛程在两个月左右，分为常规赛和季后赛。每年 6 月至 8 月的每个周末进行比赛，比赛地点通常选择在洛杉矶、纽约、达拉斯等知名城市。线上通过 Facebook Live、福克斯频道或福克斯体育频道进行直播，并且在全世界范围内超过 40 个国家进行转播。据官方统计，BIG 3 职业联赛一场比赛的到场观赛人数达到 14000 人以上，这一数字足以媲美 NBA 比赛。在规则方面，BIG 3 职业联赛为吸引更多的赞助商和观众，将部分 NBA 和 FIBA 3×3 规则融合和创新，并形成一套全新的规则体系。BIG 3 职业联赛竞赛规则如下：

第一，与 FIBA 3×3 一样，比赛都在标准半场进行。

第二，保留了正规比赛的 2 分球和 3 分球，其中三分线的距离和 NBA 一样。FIBA 3×3 采用 FIBA 三分线，线外投篮算 2 分，其他投篮算 1 分。

第三，BIG 3 特有的"4 分区"设置，共有 3 个距离篮筐 30 英尺（约合 12.2m）的圆形区域（分别位于正面和左右 40°角）。球员投篮时必须至少有一只脚踩在 4 分区，球进则算 4 分。

第四，比赛开始时不采取跳球的方式决定第一波球权，都由"主队"率先开球。两队中率先投中 4 分球的为主队。FIBA 3×3 赛前则由掷硬币的方式，猜中的可以决定是否先开球，后开球的一方若进入加时赛则率先拥有球权。

第五，每次进攻时间为 14 秒，和 NBA 二次进攻时间相同。FIBA 3×3 则是 12 秒。

第六，投篮被犯规，则可获得一次罚球，罚进获得的分数，和原本被犯规投篮的分数相同。FIBA 3×3 则和常规 FIBA 规则一样，每次罚球算 1 分，除投中加罚外，出手 1 分球或 2 分球被犯规，则获得相应次数的罚球。

第七，投篮犯规后球进，则获得 1 次 1 分罚球的加罚机会。

第八，累计团队犯规，球员不会因累计个人犯规被罚出场。

第九，在 BIG 3 中，每个半场团队犯规超过 5 次，对手将获得两次 1 分罚球并保留球权。在 FIBA 3×3 中，在团队犯规满 7 次后才进入犯满状态，被犯规球队获得 2 次罚球，但不保留球权；团队犯规满 10 次后，被犯规队则可获 2 次罚球及球权。

第十，球队第一次被罚技术犯规，对手获得 1 次 2 分罚球及球权。此后的技术犯规（包括恶意犯规），则让对手获得 2 次 2 分罚球及球权。在 FIBA 3×3 中，普通技术犯规将让对手得到 1 次 1 分罚球和球权，违反体育道德犯规则让对手获得 2 次 1 分罚球和球权。

第十一，BIG 3 不设加时赛，率先得到 50 分以上的球队获胜，但必须赢至少 2 分。FIBA 3×3 的比赛时间为 10 分钟，领先者获胜；10 分钟内率先得到 21 分及以上者获胜；如 10 分钟后双方打平，则双方进入加时，率先在加时赛中获得 2 分者获胜。

第十二，BIG 3 的比赛，有一队率先得到 25 分，双方进入中场休息。FIBA 3×3 中则是 10 分钟为全场。

第十三，每队每个半场拥有 2 次暂停（1 次 60 秒长暂停和 1 次 30 秒短暂停），上半场未使用的暂停不得带入下半场。

第十四，每次进球后，需将球交给裁判。进入防守的球队拥有 3 秒钟布置阵型，进攻方则需要在半场中圈处开球，必须在 5 秒钟内将球开出。FIBA 3×3 中，裁判不参与进球后的球权转换，球入筐后，原防守方在篮下接球开始成为进攻方，可以开始运球或传球，但必须将球传到三分线外后方可投篮。

第十五，如果投篮碰到篮筐后，抢到防守篮板的球队必须将球传或运到三分线外（俗称"洗球"）。

第十六，如果是抢到三不沾后的防守篮板，或者完成抢断，则攻守转换无须洗球，可以直接投篮。这两种情况在 FIBA 3×3 中都必须洗球。

第十七，不管是传球还是运球，球员必须两只脚都站在三分线外，才算完成洗球。

第十八，抢到防守篮板的球员，在传球至三分线外后，必须在队友传球或投篮碰到篮筐前离开禁区，否则将被判违例，计失误一次。

第十九，在进攻方完成洗球后，原本的"三秒区规则"继续适用。

第二十，没有防守三秒的规则。FIBA 3×3 则有防守三秒。

第二十一，在以下情况下可动用即时回看：确定 3 分及 4 分球踩线情况、出界、恶意犯规、干扰球、球是否碰篮筐、是否出三分线完成洗球。

第二十二，可以适用任何防守策略，包括被 NBA 禁止的手测（Hand check）。

第二十三，BIG 3 联赛使用和男子全场比赛一样的 7 号球。在 FIBA 3×3，不管男子还是女子比赛，都使用女子全场比赛一样的 6 号球。

第二十四，新赛季的全新规则，2017 和 2018 赛季，联赛注册球员的最低年龄为 30 岁。2019 赛季，则放宽至 27 岁。

二、耐克三人制篮球赛竞赛规则

第一，每队至少有 3 名参赛队员。

第二，比赛开始以后不允许更换原有队员，如果擅自在开赛后更换队员或发现在队员报名时有欺骗行为及其他不良行为时，将取消其比赛资格。

第三，在热身练习时不允许扣篮，仅在正式比赛中才允许扣篮。如有队员在非正式比赛时扣篮，将被取消比赛资格。

第四，所有队员必须在每场比赛前 10 分钟到比赛报到处报到。报到时必须出示身份证或户口簿。

第五，比赛中换人没有限制，但仅在死球或半场比赛结束时才能换人。球进后也可换人。

第六，比赛开始时，由裁判掷硬币决定发球权。掷硬币胜方队，可先发球也可将发球权转让给对方队。如果有加时赛，由比赛开始时没有发球的一方发球。

第七，进球后换发球。

第八，一方投篮未进，由对方抢到篮板球后，则需退到2分线后再进攻。

第九，每次换发球，发球方必须退到2分线之后再进攻。若发球方没有退到2分线后或发球时踩线，此次发球不算并换发球。不允许退回2分线后而直接投篮。如果对方欲在未退回2分线之前就投篮而我方队员因此犯规，则犯规不算，且由我方发球。

第十，在比赛前，对方派一名队员检查比赛球，还应把球传给队友也检查，双方检查完后方可开始比赛。

第十一，所有犯规（7次以下）或球出界，到中场发球区发球。

第十二，2分球：与专业比赛中的3分球相似，2分线弧线之外出手投中篮作2分算，投篮队员的两只脚必须完全在2分线之后，2分线内投中算1分。裁判、监测员有最终裁决权。

第十三，如果失败组在最后决赛中战胜胜利组，15分钟后再打一场决出冠军。

第十四，参赛队将根据报名时的个人信息被分到合适的小组，大赛组委会应尽最大努力把每支参队分至水平合适的小组中，但难免水平、年龄及身材方面会出现偏差，参赛队应予以理解。

第十五，每队有3分钟赛前热身活动时间，如一方迟到15分钟以上，则判该队弃权，对方获胜。

第十六，每场比赛中，一队先打到12分并领先对方2分以上则为胜方，以20分钟为限。

第十七，比赛时，实行30秒制。会有比赛监测员记录时间。如一方在30秒内未投篮，监测员会做提示，超过30秒未投篮，则换发球。除此之外，在比赛最后5秒任何一方发球时，或比赛最后15秒有一方罚球时，都不允许持球不传或不罚球。如有此情况发生，比赛会停钟，等在界内重新发球后再继续计时。

第十八，每队各有两次45秒的暂停，暂停时不停钟，仅最后三分钟会停钟。

第十九，打到20分钟，以比分高的队伍为胜方，若为平局，则再打加时赛，先得分的一方为胜方。

第二十，篮板的上沿、两边、下沿为场内物；支撑篮板的金属杠为场外物。

第二十一，各赛场都有各自界线，可由裁判、监测员检查。

第二十二，任何有对裁判不尊敬行为的队员将被停赛。

第二十三，队长仅代表他所在的参赛队伍，而非所有队员，如有任何争议，赛场管理人员会来解决，请不要对计分牌上的成绩有任何反对意见，这没有任何意义。比赛监测员、裁判、管理员对比赛有最终裁决权，争议解决后比赛继续，由此争议将不再重提。在解决争议时，比赛将不停钟，除非在比赛最后3分钟才停钟。

第二十四，如在比赛过程中，有争球，则由防守方发球。

第二十五，裁判将判决所有犯规，比赛监测员将记录所有的犯规。前6次犯规时，将由被犯规的队至中场发球，第7次犯规以后，被犯规的队员可罚球一次，罚球不论球进或不进，都换发球；第10次犯规后，被犯规的队员可罚球一次，罚球时，则换发球；罚球不进，则由罚球方发球。

第二十六，如在投篮时被犯规，投篮进，此球算且换发球，此次犯规记在计分表上。如投篮不进，则罚球一次。

第二十七，公然犯规、技术犯规、故意犯规，或连续不当犯规的队员将被逐出比赛。如果裁判判定犯规为公然犯规、技术犯规、故意犯规或连续不当犯规时，被犯规人员正投篮且投篮进，则此球算并由被犯规方发球；如果被犯规队员没有投篮，则该队员罚球一个并保留发球权。如果有队员打架，不论任何原因，都将被取消比赛资格。

第二十八，每场比赛都会安排一名裁判或由赛前总负责人推选一名裁判，并由该裁判判罚。否则，由参赛队员各自判罚本队。

第二十九，除非另行通知，所有参赛队伍的首场比赛都按比赛时间进行，建议每场比赛后，参赛队伍都去比赛计分板处看所有的比赛安排、时间、场地，有无变动及其他重要信息。

第三十，比赛中应服从裁判，如与裁判过分争执，会被取消比赛资格。

第三十一，当队员在比赛中有受伤流血，必须下场，只有当流血停止并不会将血迹擦在他人身上时，才能再带伤上场比赛。

第三十二，所有参赛队员在参加比赛时都须带上证明附件。

第三十三，如不遵守上述规定，未带证明附件，将无参赛资格。

第三十四，在报名表上的身高，仅允许与队员实际身高相差1cm。

三、阿迪达斯三人制篮球赛规则

第一，保证公平竞赛。

第二，每队限报4人参赛，其中1人为替补。比赛中若一队不足两人时则终止本场比赛，判对方获胜。替补队员只允许在交换发球权时换人。

第三，保证每队第一轮有3次比赛机会，第二轮以后采取单淘汰赛。

第四，参赛球员需持有效身份证明文件，若发现或怀疑对方球员资格有问题，可请求裁判进行身份核查。若确实违反规定，则取消参赛资格，一经判定即终决，无任何上诉之规定。

第五，初、复、决赛每场比赛时间为12分钟，得分先达到15分者即为胜队。

第六，得分判定情况：罚球中篮算1分；弧线内投篮中算1分；弧线外投篮中算2分。

第七，每队有一次30秒暂停机会，最后两分钟不得叫暂停，比赛时间由裁判或场边记录员以秒表计时，除暂停时间，球员受伤或判决抗议等均需停表外，其余比赛时间一律不得停表。

第八，比赛开始球队逾时3分钟未到场或不足2人时，应判弃权。

第九，投篮动作犯规或团体犯规次数累积5次以上时，由对方进行罚球，每失1球得1分，不论罚球进否，一律不交换发球权。

第十，非投篮犯规或违例，则交换发球权。必须在指定区域发球。

第十一，所有发球（不得超过15秒）需站在发球区且均需对方先触球后方可发出。进攻方不得直接在发球时投篮，否则丧失控球权。每次发球时，对方触球时间不得超过2秒（若违反规定，先行警告，再犯规判发球方一次罚球并继续持有控球权）。

第十二，抢断球或投篮不进，由防守队员得球，均需到弧线外发球重新进攻。

第十三，比赛时间终了时，若得分相同，则采取金球制，先进球者为胜队。

第十四，所有规则及指引均由裁判执行，所有不礼貌、不文明、缺乏运动精神之行为，均可被判取消其参赛资格。

第十五，如逢大雨等天气，将由主办单位另行安排比赛时间。